Quebrantamiento

Quebrantamiento

*Cuando Dios convierte la presión
en poder*

T. D. JAKES

New York   Nashville

FaithWords
Hachette Book Group
1290 Avenue of the Americas, New York, NY 10104
faithwords.com
twitter.com/faithwords

Primera edición: abril 2019

FaithWords es una división de Hachette Book Group, Inc. El nombre y logotipo de
FaithWords es una marca registrada de Hachette Book Group, Inc.

La editorial no es responsable de los sitios web (o su contenido) que no sean propiedad
de la misma.

El Hachette Speakers Bureau ofrece una amplia gama de autores para eventos y
charlas. Para más información, vaya a www.hachettespeakersbureau.com o llame al
(866) 376-6591.

A menos que se indique lo contrario, el texto bíblico ha sido tomado de *La Santa
Biblia*, Nueva Versión Internacional® NVI® Copyright © 1999 por Biblica, Inc.® Usada
con permiso. Todos los derechos reservados mundialmente.

Las escrituras marcadas como "NTV" son tomadas de la Santa Biblia, Nueva
Traducción Viviente, © Tyndale House Foundation, 2010. Usada con permiso de
Tyndale House Publishers, Inc., 351 Executive Dr., Carol Stream, IL 60188, Estados
Unidos de América. Todos los derechos reservados.

Las escrituras marcadas como "RVR1960" son tomadas de la versión Reina-Valera ©
1960 Sociedades Bíblicas en América Latina; © renovado 1988 Sociedades Bíblicas
Unidas. Usada con permiso. Reina-Valera 1960® es una marca registrada de la
American Bible Society, y puede ser usada solamente bajo licencia.

Las escrituras marcadas como "DHH" son tomadas de la versión *Dios habla hoy*®,
Tercera edición © Sociedades Bíblicas Unidas, 1966, 1970, 1979, 1983, 1996. Usada con
permiso.

Traducción y edición en español por LM Editorial Services | lydia@lmeditorial.com, en
colaboración con Belmonte Traductores y Carmen Caraballo.

ISBN: 978-1-5460-3595-4 / E-ISBN: 978-1-5460-3594-7

Impreso en los Estados Unidos de América

LSC-C

10 9 8 7 6 5 4 3 2 1

Contenido

CAPÍTULO 1

Cuando todo se derrumba

Solamente a través de la experiencia de la prueba y el sufrimiento se puede fortalecer el alma, inspirar la ambición y lograr el éxito.

—*Helen Keller*

"Papi, necesito decirte algo".

Ningún padre quiere oír esas palabras de su hija adolescente con la voz temblorosa con que nuestra hija menor, Sarah, nos habló a mí y a su madre. Sentados en el balcón del frente, mi esposa Serita y yo miramos a nuestra hija menor, y contuvimos el aliento en anticipación a lo que ella estaba a punto de revelarnos. El tiempo se detuvo cuando la tarde desplegó sus sombras sobre el cielo tejano, y una ligera brisa sopló el aroma de la madreselva. Sabía que mi hija estaba a punto de revelar algo de enorme magnitud.

"Yo...¡estoy embarazada!".

Las lágrimas que ella había estado luchando para contener estallaron una represa de emoción mientras nuestra niña se inclinaba para abrazarnos. A medida que sus sollozos se calmaban, Sarah procedió a compartir con nosotros los eventos relacionados con su condición, un secreto que había estado escondiendo durante varios meses. La fortaleza en su alma superó sus trece años, ya que convocó a cada fibra de su ser para revelar el miedo, la agitación y la emoción que atravesaban su joven corazón. Aturdido por no decir más, no podía creer la valentía que había tenido para confiarnos algo tan importante.

Mientras Sarah lloraba en mis brazos, sentí todo el peso del dolor y la angustia que ella llevaba durante esos meses antes de que finalmente se desahogara. Como padre, usted está llamado a soportar las cargas de sus hijos que son demasiado pesadas para ellos, e incluso usted desea llevar las más livianas para facilitar sus interacciones con el mundo y todo lo que la vida les arroja. Las lágrimas de mi hija empaparon mi camisa mientras acariciaba su cabello. Su llanto me transfirió su preocupación y dolor, y sentí el creciente alivio en su corazón cuando comenzó a darse cuenta de que no estaba sola.

Pronto las palabras no eran necesarias, y los tres nos sentamos juntos con un coro de cigarras como único sonido. Las lágrimas brotaron de nuestros propios ojos y me encontré divagando en mi mente. El amor y la preocupación que siempre he tenido por mi hija estaban presentes en ese momento, mientras absorbía la noticia de que pronto sería abuelo. Sin embargo, a pesar de lo agridulce de tal noticia, un dolor punzante persistió profundamente en mi corazón destrozado. Pues verá, solo unos meses antes, mi madre había fallecido como resultado de la enfermedad de Alzheimer.

Uno de los pilares de mi vida acababa de morir, y todavía la estaba llorando. Observar la mente de la mujer que le crió, le alentó, le castigó y le alimentó desaparecer poco a poco es un tormento que no le deseo a nadie. Aparte de mantenerla lo más cómoda posible, no había nada que mi hermano, mi hermana o yo pudiéramos hacer. Me sentía impotente para ayudar a mi madre a conservar incluso las habilidades más simples de la vida, como bañarse y vestirse e incluso tragar.

La herida en mi corazón por la muerte de mi madre todavía estaba en carne viva, mientras escuchaba la confesión de mi hija. Luché por entender el momento, por no hablar de los últimos meses. Como si la muerte de mi madre no fuera suficiente, el enemigo de mi alma parecía burlarse de mí por la incapacidad de proteger a mi propia hija de los caminos del mundo. Una vez más, me sentí aplastado por circunstancias que nunca vi venir.

Sé que debe sonar egoísta, pero en ese momento no podía ignorar la batalla dentro de mí cuando las preguntas y las acusaciones pasaban por mi mente:

¡Eres un padre terrible!

¿Dónde está tu Dios ahora?

Eres un pastor que pastoreas a otros, y ¿ni siquiera puedes cuidar a tu propia hija?

Inspiras y alientas a tanta gente, pero ¿cómo vas a hacerlo ahora? No pudiste proteger a tu madre y mírate: ¡fracasaste en proteger a tu propia hija!

¿No nos dimos Serita y yo cuenta de algo? ¿No hemos tratado de ser buenos padres? ¿Qué pudiera haber hecho diferente?

Todo se estaba desmoronando.

Mucho más frágil

Sé que no estoy solo en estas contemplaciones cáusticas. Cuando el piso debajo de usted se abre y lo traga y cae de picada, usted se encuentra repentinamente sumergido en una avalancha de emociones, pensamientos y preguntas. En medio de un dolor inesperado o una pérdida inevitable, estos pensamientos le asaltan cuando se hunde en el arrebato emocional de los lugares desordenados de la vida, los pozos cenagosos donde todo lo que una vez fue querido y verdadero es cuestionado, diseccionado y sacudido hasta la médula.

Es aquí donde se revela que su zona de seguridad y todas las presuntas constantes son mucho más frágiles de lo que nunca había realizado. Aquí es donde se pregunta si alguna vez volverá a ponerse de pie, y si es así, cómo reunirá la fuerza para seguir adelante. Es aquí donde se prueba su fe, donde es refinada y purificada.

Pero tal conocimiento es poco consuelo en medio de los incendios abrasadores de la vida que envuelven todo lo que creía saber y reducen las expectativas a cenizas. Como un ciervo que trata de seguir un camino boscoso familiar en medio de un incendio forestal, usted empieza a correr en círculos, enfrentándose a callejones sin salida y desvíos perturbadores, sin saber qué camino tomar. Asfixiado por el humo colateral, usted queda de una pieza, cansado y perdido, endurecido y confundido, agotado y desanimado, asustado y congelado.

Parte de la confusión se debe a la manera en que los grandes éxitos de vida a menudo se vuelven borrosos en los momentos más dolorosos. Porque incluso en los momentos de su mayor angustia, a menudo encuentra bendiciones inesperadas juntas y mezcladas con sus pérdidas. Esa fue ciertamente mi experiencia.

Incluso en los momentos de su mayor angustia,
a menudo encuentra bendiciones inesperadas
juntas y mezcladas con sus pérdidas.

Aun mientras observaba cómo mi amada madre se desvanecía, me maravillé de la manera en que Dios continuó bendiciendo mi ministerio, mis negocios y mi plataforma de influencia. Líderes de todo el mundo comenzaron a invitarme a visitar, hablar y predicar en lugares que una vez había soñado estar. Mis libros se estaban convirtiendo en éxitos de ventas, y los productores de películas estaban interesados en tomar *Mujer, ¡eres libre!* a la gran pantalla en un largometraje. Pero lo habría cambiado todo por una cura para restaurar la mente, el cuerpo y el espíritu de mi madre de los estragos de una enfermedad tan insidiosa.

Y ahora mi hija estaba embarazada a los trece años. Los críticos y los que me odian, tanto a mí como a mi ministerio, se lanzarían sobre esas noticias como pirañas. Aun cuando la salud y el bienestar de Sarah, y la vida de mi nieto creciendo dentro de ella, siguieron siendo mi prioridad, sabía que sería una tontería ignorar las respuestas públicas de los demás a la situación privada de nuestra familia. La ironía, por supuesto, era que la única persona a la que usualmente acudiría en busca de consuelo, consejo sabio y aliento, ya no estaba conmigo. Nunca volvería a tener a mi madre conmigo.

No le puedo decir la cantidad de noches que lloré en silencio, mirando hacia la oscuridad por la ventana de mi casa. Nunca imaginé que estudiar los paneles de las ventanas se convertiría en mi pasatiempo predeterminado después de la muerte de mi madre. Pero noche tras noche, allí estaba otra vez, contemplando una noche oscura que era reflejo de mi propia alma.

Sarah se sintió mejor luego de compartir su noticia con nosotros y con algunos de nuestros familiares más cercanos, pero todavía me preocupaba por ella. Cuando no estaba mirando por las ventanas, estaba caminando los pasillos de mi casa y mirando hacia su habitación para ver si todavía estaba con nosotros. De vez en cuando había un miedo que se apoderaba de mi corazón y me hacía creer que Sarah no podría soportar la vergüenza que el mundo le estaba lanzando.

Como resultado, andaba preocupado de que ella pudiera quitarse la vida en medio de la noche y que ni Serita ni yo no lo sabríamos hasta la mañana siguiente. Perdóneme por imaginar un escenario tan desfavorable, pero cuando lo impensable sucede, de repente, los temores más oscuros se desatan de las cadenas de la razón y los refugios de la fe.

Tal fue mi temporada en ese momento. Me sentí atrapado en mi dolor. Arrasado por circunstancias fuera de mi control. Impotente para proteger a los que más amaba. Incapaz de disfrutar las muchas bendiciones de mi vida.

Quebrantado.

Semillas y malezas

Con todo lo que Dios estaba haciendo en mi vida, algunos podrían decir que no era posible que pudiera sentirme tan abatido, desanimado, incrédulo y deprimido. Me recordaban el edicto de Jesús: "¡Médico, sánate a ti mismo!" (Lucas 4:23); y me obligaban a ministrarme con la misma convicción con que predicaba desde el púlpito. Pero soy tan humano como cualquier persona, y durante los golpes quebrantadores de la vida, soy igual de susceptible al sufrimiento.

Más importante aún, he descubierto que, si tengo algo que valga la pena compartir desde el púlpito, desde el podio, desde la sala de juntas, desde las pantallas de cine y televisión, desde las páginas de los libros que escribo, entonces debe ser auténtico, de mi propia experiencia. No puedo pedirle a usted ni a nadie más que crea en algo que yo mismo no he probado. Si no puedo luchar con la cuestión del sufrimiento, entonces tengo poco que decirle sobre lo sagrado.

¿Está Dios de acuerdo con la coexistencia de la alegría y la angustia absoluta? ¿Tenemos que sufrir tantas pérdidas en esta vida para madurar en nuestra fe? ¿Por qué un buen padre permitiría que sus hijos sufrieran tanta dolor, injusticia y dolores de cabeza? ¿Cómo puede un Dios bueno permitir que alguien esté en una época de la vida donde el dolor cohabita con la bendición, o peor, para soportar una temporada tan sombría que las bendiciones parecieran borradas?

Ciertamente no presumo tener las respuestas a preguntas tan importantes, pero he aprendido el valor de hacerlas y experimentar el crecimiento como resultado de temporadas tan difíciles. Durante estos tiempos, comencé a comprender el significado más profundo de la parábola de Jesús sobre el trigo y la cizaña que crecen juntos (Mateo 13:24-30). Plantamos semillas de fe que producen una cosecha fructífera, incluso cuando descubrimos malezas de dudas destructivas que intentan destruir nuestra productividad.

Sin embargo, sorprendentemente, ¿qué sucede si nuestro Dios es tan poderoso, tan bueno y tan amoroso que invierte los papeles de la cizaña y los usa para hacernos más fuertes, más fieles y más dependientes de Él? Cuando José les explicó a sus mismos hermanos, quienes lo habían vendido como esclavo y lo reportaron muerto a su padre: "Es verdad que ustedes pensaron hacerme mal, pero Dios transformó ese mal en bien para lograr lo que hoy estamos viendo: salvar la vida de mucha gente" (Génesis 50:20). El apóstol Pablo ofrece una explicación similar del dolor: "Ahora bien, sabemos que Dios dispone todas las cosas para el bien de quienes lo aman, los que han sido llamados de acuerdo con su propósito" (Romanos 8:28).

Sin embargo, sorprendentemente, ¿qué sucede si nuestro Dios es tan poderoso, tan bueno y tan amoroso que invierte los papeles de la cizaña y los usa para hacernos más fuertes, más fieles y más dependientes de Él?

Note que él dice *todas* las cosas, no algunas cosas o unas pocas cosas o las cosas buenas. *Todo* incluye lo duro, lo doloroso, lo inesperado, lo aparentemente insoportable, inimaginable e intolerable. *Todo* incluye las pérdidas que está sufriendo en este momento, las que lleva dentro de usted todos los días. *Todo* incluye los desastres, las divisiones y las distracciones que interfieren con su tranquilidad. *Todo* incluye las circunstancias que lo hacen sentir impotente, vulnerable e inestable sobre sus pies.

Todas las cosas, Dios las dispone para el bien de quienes lo aman.

El maratón del Maestro

Quizás ha escuchado estos versos antes. ¡Incluso podría estar harto de escucharlos! Tal vez hayan sido recitados con bastante facilidad por amigos o miembros de la iglesia bien intencionados en medio de las mayores pérdidas de su vida. Estoy seguro de que, incluso, los he pronunciado yo mismo en momentos en los que, en retrospectiva, parecen estar mal sincronizados o inconscientemente ajenos al dolor del alma que tengo ante mí. Así que permítame disculparme, si alguna vez lo he llevado a creer que el obispo, el pastor, el orador, el maestro, el empresario, el productor de películas y el autor delante de usted tiene suficiente fe para evitar encontrar los lugares más oscuros de la vida.

De hecho, es todo lo contrario. No puedo decir cuántas veces los éxitos más grandes de mi vida se han asociado con dolorosas pruebas más allá de lo que pude imaginar. De algunas de las mayores dificultades de mi vida he descubierto mi predicación más poderosa y mis mensajes más significativos. Uno no puede existir sin el otro, si voy a alcanzar todo el potencial para el cual Dios me ha creado.

Lo mismo es cierto para usted. Por un lado, el propósito de Dios es que se enfrente audazmente ante su futuro. Por otro lado, se siente el quebrantamiento de haber trabajado incansablemente para obtener los logros de su vida. Es el juego entre estos dos lo que me obliga a tener esta conversación con usted.

¿Será posible, un prerrequisito, incluso, que cada persona que se atreve a abrazar su futuro, también sea llamada a soportar una temporada de prueba y dolor?

¿Qué si hay más en nuestros sufrimientos de lo que vemos?

¿Qué si los lugares inquietantes y terribles de la vida a menudo nos mueven de una etapa a otra, siendo un catalizador para nuestro crecimiento como ningún otro?

Ahora más que nunca, es crucial que comencemos a ver que los planes que hemos imaginado para nuestras vidas no se pueden comparar con la estrategia de Dios para cumplir nuestro propósito divino. Una vez aceptada y aplicada, esta línea de pensamiento causa un cambio masivo en nuestras percepciones, decisiones y comportamiento. Finalmente, nos damos cuenta de que hemos estado pensando en un nivel demasiado pequeño en contraste con un Dios cuyo desenlace para nuestros destinos se centra en la eternidad en lugar de en algo temporal. Corremos para ganar la carrera que percibimos que estamos corriendo, pero en lugar de eso, ¡Dios nos está entrenando para el maratón del Maestro!

Ahora más que nunca, es crucial que comencemos a ver que los planes que hemos imaginado para nuestras vidas no se pueden comparar con la estrategia de Dios para cumplir nuestro propósito divino.

El quebrantamiento se convierte en creación

He notado una y otra vez que las rutas hacia el progreso y el éxito, a menudo, toman desvíos. Nunca hay un camino recto hacia ninguno de ellos. Nuestro avance incluye inevitablemente averías fuera de la vía y paradas imprevistas que, aparentemente, no tienen nada que ver con nuestros planes y propósitos. Continuamos viajando por la carretera de la vida hacia nuestro futuro, hasta que nos encontramos tomando una salida hacia un lugar que ni siquiera estaba en nuestro mapa. Es una parada imprevista y una pausa percibida en nuestro progreso que amenaza con destruir todo lo que hemos logrado hasta ahora.

Estancados y marginados, comenzamos a sentirnos ansiosos, asustados e inseguros. Como si emprender algo nuevo no fuera lo suficientemente perturbador, nos ponemos ansiosos porque no planeamos hacer ninguna parada, y mucho menos en lugares desiertos. Pero luego descubrimos algo allí que nos impulsa, nos inspira y nos motiva en una nueva dirección. De repente, comenzamos a abrir un camino nuevo que nos lleva a una satisfacción y cumplimiento que supera cualquier cosa que pudiéramos haber encontrado, utilizando nuestro itinerario original.

Y todo porque nos perdimos en el camino hacia donde pensábamos que íbamos. Solo Dios sabía que no estábamos más perdidos que lo que estaba el pueblo de Israel que estuvo vagando por el desierto durante cuarenta años antes de entrar a la Tierra Prometida. Vea, estoy convencido de que los devastadores desvíos de la vida a menudo se convierten en hitos milagrosos que trazan un nuevo camino hacia el futuro que Dios tiene para nosotros. El tumultuoso intento, la prueba y el quebrantamiento que experimentamos en esos lugares es necesario para nuestro avance. Y lo que es más importante, es imperativo que los desvíos dolorosos de nuestra vida se nos oculten, para que no echemos a perder todo el viaje hacia nuestro futuro debido a nuestra incomodidad por ser desviados.

En el momento, estos lugares aplastantes se sienten como si nos fueran a destruir y descarrilar de nuestro viaje, del que hemos determinado que es nuestro destino. Nos preguntamos si el sufrimiento que estamos encontrando será el final de todo lo que hemos logrado y perseguido hasta ahora. Nos preguntamos dónde está Dios y por qué permitiría que suframos tan profundo dolor.

Pero estos lugares aplastantes también revelan que hay más en nuestras vidas de lo que habíamos planeado. Nos obligan a restablecer nuestra brújula en nuestro Creador. Mientras buscamos su guía y seguimos su dirección, se muestran los aspectos verdaderamente invaluables, maravillosos y eternos de nuestra identidad y nuestro destino final. El quebrantamiento se convierte en la creación de algo nuevo. Considere la forma en que toneladas de roca y tierra demuelen los depósitos de carbono y los convierte en diamantes. Desde la perspectiva del carbono, el peso del mundo literalmente lo destruye, pero también crea algo nuevo, raro y hermoso.

Hay otra analogía que me parece aún más convincente, una que permea por toda la Biblia, el Antiguo y Nuevo Testamento, y es el proceso de elaboración del vino. Cuando se trata de una cultura agraria, muchas de las imágenes, metáforas y parábolas de las Escrituras se centran en plantar, cuidar, cultivar y cosechar. La jornada de la semilla al retoño, de la uva a la grandeza, nos recuerda constantemente un proceso. Estos símbolos también se prestan para comparar nuestro crecimiento y desarrollo espiritual.

Cuando entramos por primera vez en un área en la que podemos crecer, ¿no es esto análogo a nosotros ser plantados? Más tarde, cuando nos encontramos con una bendición en nuestras vidas, ¿no puede esto ser visto como un fruto para disfrutarlo? Cuando nuestra familia y amigos se deleitan con nuestro éxito, ¿no es eso parecido a aquellos agricultores de la antigüedad que saboreaban la cosecha?

Sin embargo, cuando nuestra cosecha no sale según lo planeado, y nuestra bendición fructífera se nos quita y se pisotea descuidadamente, ¿no se parece mucho al lagar, el recipiente donde se pisan las uvas y se extrae su jugo o mosto para la vinificación?

Por supuesto, todo esto depende de su punto de vista. Si usted fuera un enólogo o un viticultor, como a menudo se les llama, estaría muy familiarizado con cada paso en el proceso de elaboración del vino. Sin embargo, si usted fuera la vid, la eliminación de su fruta y su destrucción bajo los pies de aquellos que parecen no importarle, le daría una perspectiva completamente diferente.

En medio de nuestro doloroso quebrantamiento, nos damos cuenta de que la bendición que se encuentra en la producción de frutos en nuestras vidas nunca fue el objetivo final de Dios. Nuestra última cosecha de frutos era simplemente parte de un proceso continuo y más grande. El Maestro Viticultor sabe que hay algo mucho más valioso que la producción de frutos, la potencia de su jugo fermentado en vino. Para la vid, sin embargo, el fruto parece ser todo, temporada tras temporada, tormenta tras tormenta, sol y lluvia, primavera y otoño. Pero ¿qué pasa si cambia su paradigma a la elaboración de vino en lugar de cultivar frutas?

Nuestra última cosecha de frutos era
simplemente parte de un proceso continuo
y más grande.

¿Podría ser posible que su situación actual sea el lagar que Dios está usando para transformar sus uvas en el vino de Él? ¿Ser quebrantado puede ser una parte necesaria del proceso para cumplir el plan de Dios en su vida? ¿Podría estar al borde de la victoria a pesar de caminar por el valle de viñas rotas?

Una vendimia transformadora

Por un lado, el propósito de Dios requiere que se enfrente audazmente a su futuro. Por otro lado, siente el quebrantamiento por los logros obtenidos, los cuales usted trabajó incansablemente para alcanzarlos. Es el juego entre estos dos lo que me impulsa a tener esta conversación con usted. Al igual que mi hija, en la fatídica revelación de su embarazo no planificado, ¿será posible, incluso un requisito previo, que cada persona que se atreve a abrazar su futuro también sea llamada a soportar una temporada de pruebas y dolor?

¿Qué si realmente hay más en nuestros sufrimientos de lo

que vemos? Si usted es como yo, tal vez haya descubierto que los inquietantes y terribles lagares de la vida nos mueven de una etapa a otra. Puede que no nos guste admitirlo, pero ¿qué si nuestro quebrantamiento es necesario para que nuestro potencial se cumpla?

No importa nuestra temporada de vida, creo que es crucial que comencemos a ver que los planes que hemos imaginado para nuestras vidas ni siquiera se comparan con la estrategia del Maestro. Una vez aceptada y aplicada, esta línea de pensamiento causa un cambio masivo en nuestras percepciones. Finalmente, nos damos cuenta de que hemos estado pensando en un nivel demasiado pequeño en contraste con un Dios cuyo fin para nuestros destinos se centra en la eternidad en lugar de algo temporal.

¿Puede ver la necesidad de ser quebrantado como parte de su proceso de maduración para cumplir el plan de Dios? Los lagares revelan que hay más en nuestras vidas de lo que habíamos planeado. Allí se muestran los aspectos verdaderamente invaluables, maravillosos y eternos de nuestra identidad y nuestro destino final.

Es específicamente en las áreas de quebrantamiento personal que quiero que enfoquemos nuestra exploración en estas páginas. No necesitamos enfatizar en cómo se sienten realmente los momentos de quebrantamiento, porque cada persona con destino ya se ha familiarizado con el dolor o se familiarizará con él. La pregunta que necesita ser respondida durante nuestro quebrantamiento es si el sufrimiento que estamos encontrando es el fin de todo lo que hemos logrado. A esa pregunta, creo sinceramente y de todo corazón que la respuesta es un rotundo "¡No!".

La pregunta que necesita ser respondida durante nuestro quebrantamiento es si el sufrimiento que estamos encontrando es el fin de todo lo que hemos logrado. A esa pregunta, creo sinceramente y de todo corazón que la respuesta es un rotundo "¡No!".

El proceso de elaboración del vino conlleva tiempo. Y no es solo el proceso real de recoger las uvas, separar la madura de la que se ha echado a perder o no está lista, pisarla y dejarla fermentar para convertirse en alcohol, a medida que el jugo extraído se convierte en vino. Incluso después de que el vino ha sido embotellado, pueden pasar años antes de que esté en su mejor momento y listo para ser servido. ¿Alguna vez ha notado la forma en que los vinos finos pueden tener décadas de antigüedad? Un aficionado al vino conocería no solo el viñedo y su región geográfica, el clima y los detalles del tipo de vino, como *chardonnay* o *merlot*, sino también la cosecha y la calidad del vino producido ese año.

Desde el punto de vista de la uva, ese año en el que fueron recogidas y pisadas parecía devastador, pero para el viticultor, y más tarde para los pocos afortunados que beban la deliciosa botella de vino de esa cosecha, el año ahora parece ser un momento bendito, un tiempo de transformación.

De eso se trata este libro: *su transformación*. ¿Podrían los peores momentos de su vida realmente convertirse en puntos de triunfo para Dios, el Maestro Viticultor, a medida que Él utiliza los más profundos dolores de su vida y las decepciones más devastadoras para su bien y para su gloria?

Cuando mi preciosa hija, apenas siendo una niña, me dijo que estaba llevando su propio niño en su vientre, pensé que iba a morir. Pero cuando la miro ahora, y el increíble ministerio que comparte con su esposo, sé que ella no estaría donde está sin el quebrantamiento que soportó. Cuando miro al joven en que se ha convertido mi nieto, sé que lo que parecía una revelación aplastante en ese momento, se ha convertido en una cosecha de trofeos del mejor vino de nuestro Padre.

Tal vez usted haya presenciado tal fermentación en su propia vida y está luchando para comprender por qué Dios usaría esos medios horribles para producir tales innegables bendiciones en su vida. Tal vez esté enfrentando una crisis de fe en este mismo momento mientras lucha con los moretones de su maltratado espíritu en medio de los quebrantadores golpes de la vida. Ni siquiera es necesario que sea un evento de una magnitud innegable, como un divorcio o un despido en el trabajo, que le deja tambaleándose. A veces, el impacto acumulativo de nuestro quebrantamiento nos deja sin la capacidad de ver la exhibición de lo divino en las ruinas de nuestra restauración.

Puede que se resigne a una vida que es menos que la mejor que Dios tiene para usted, porque no puede permitirse imaginar que lo mejor está por venir. A pesar de que el evento en sí pudo haber sido hace años o décadas, el trauma de su tragedia puede continuar atrapándolo en el momento pasado, dejándole concentrado en los tallos rotos y el fruto aplastado de sus logros pasados en lugar de ver la posibilidad de maximizar su potencial a través del proceso de fermentación de nuestro Padre. Independientemente de dónde se encuentre, todos luchamos contra el impacto inesperado que el quebrantamiento deja en nuestras almas.

¿Podría haber santidad en su sufrimiento?

¿Podrían sus peores momentos realmente convertirse en algo más que secretos vergonzosos de sus errores pasados?

¿Qué pasaría si pudiera ver su vida como Dios la ve?

¿Y si sus mejores momentos le esperan más adelante?

Mi amigo, estoy convencido de que Dios puede usar el peso que está quebrantando su alma en este momento para crear el vino más selecto, si usted lo deja.

¡El quebrantamiento no es el fin!

CAPÍTULO 2

Control de calidad

Recuerde siempre que usted tiene en su interior la fuerza, paciencia y pasión para soñar a lo grande y cambiar el mundo.

—Harriet Tubman

Cuando todos asimilamos la revelación de Sarah, luché para poder funcionar en medio de ese sentimiento de impotencia. Si bien creo que una consideración cuidadosa es esencial para tomar decisiones sabias, no hubo una diligencia debida que pudiera discernir que cambiara esta situación. Tuve que aceptar una nueva realidad, una que no había previsto o que jamás hubiera imaginado. Perder a mi madre, especialmente de la manera en que se requirió de mí perderla antes y después de su último aliento, y de repente sentir que había perdido a Sarah en un mundo que intentaba quitármela, me hizo sentir enterrado en el dolor.

No soy uno que se revuelca en la autocompasión, pero cuando experimenté ese doble golpe en mi alma, solo pude hundirme en la arena movediza de mi tristeza. Muchas noches miraba por la ventana de mi casa, viendo en la oscuridad nada más que el reflejo de mis propias lágrimas relucientes mientras corrían por mi rostro. Por lo general, prefiero tomar medidas constructivas en medio de cualquier error, accidente o desventura, pero mi nueva realidad me dejó drenado de mi determinación.

De alguna manera, no podía abandonar mi llamado para facilitar la fe en las vidas de los demás, pero tampoco podía entender por qué Dios había permitido que estos dos eventos que entumecían el alma se produjeran, y tan cerca uno del otro en el tiempo. Me sentía como un navegante espiritual que ya no tenía el GPS personal en el que había llegado a confiar. En cambio, tuve que volver a algo mucho más básico y fundamental, a un pionero que mira las estrellas en busca de dirección.

Estaba predicando, enseñando y guiando a otros mientras luchaba por navegar a través de emociones profundas que eran absolutamente inexploradas. Fue en es a etapa de mi desarrollo personal que me encontré siendo plantado. Mi caparazón externo estaba comenzando a pudrirse, de modo que lo que Dios colocó en mi núcleo comenzara a florecer.

No obstante, sabía que esto sería un proceso, uno que probaría mi paciencia una y otra vez. Aun cuando sabía que Sarah debía llevar a su bebé nueve meses para que se desarrollara y madurara lo suficiente hasta darlo a luz, me esforcé por entender cómo todos soportaríamos el viaje desde ese día en el balcón hasta ese momento en la sala de parto cuando los llantos de un recién nacido representarían nuestra celebración de su llegada.

¿Cómo podría soportar atravesar el suelo frío y oscuro hasta entonces?

¿Cuánto tiempo tendría que llorar en la oscuridad?
¿Cómo podría sobrellevar este tiempo?

La premura y la espera

A pesar de saber que cualquier nueva creación requiere tiempo, todavía luchaba para ese momento. Sin embargo, a medida que se acercaba el Día de Acción de Gracias y comencé a planificar mi contribución a la comida principal para la reunión de nuestra familia, me percaté de que tenía más ganas de esperar que de darme prisa. Porque, cuando se trata de la cocina, creo que vale la pena esperar por aquello que vale la pena servir.

Vea, cualquiera que me conoce sabe que me encanta cocinar. Cada vez que tengo tiempo libre me dirijo a la cocina, y tengo algunas reglas. Una es que no me gusta seguir recetas, sino saborear la creatividad culinaria que debe motivar a los chefs maestros. Mi otro requisito es que haya un grupo de familiares y amigos que satisfagan mis esfuerzos, ¡y deben estar hambrientos! Unos cuantos bocadillos son un insulto. Me encanta cocinar a personas que se aflojan los cinturones cuando están comiendo, y considero que sus sonidos abdominales y falta de modales son los mejores cumplidos, además de pedir repetir dos y tres veces, por supuesto.

Mi pasión por cocinar comidas para los seres queridos se originó cuando crecía. Debido a que nuestra familia no tenía mucho económicamente, mis hermanos y yo no nos emocionábamos con los regalos en Navidad y cumpleaños, ¡pero sí nos poníamos eufóricos anticipando la comida! Recuerdo a mi madre preparando y cocinando comida días antes de Navidad. Usted podía oler los aromas que flotaban en toda la casa y, si tenía suerte, le habría permitido lamer la cuchara y probar un poco de antemano. Como resultado, mi esposa y yo ahora nos deleitamos en mostrar el mismo amor que mi madre puso en la preparación de comidas especiales en las celebraciones que disfrutamos.

De todos los años que pasé viendo a mi madre preparar comida para la familia, y de mi propia experiencia limitada en la cocina, me di cuenta de una lección importante: *la calidad conlleva tiempo*. Si bien la mayoría de las personas están de acuerdo conmigo, nadie disfruta especialmente esperando pacientemente a que el pavo salga del horno o que la masa de la tarta se haga desde cero. Queremos la calidad, pero no queremos esperarla.

La calidad conlleva tiempo.

Cuando miro a mi alrededor, no hace falta mucho para ver que esta generación actual está acostumbrada a las comidas rápidas, la información instantánea y las nuevas amistades con solo hacer clic en un botón. Debido a estos resultados inmediatos, hemos ignorado la calidad decreciente de las cosas que recibimos al instante y nuestra subsiguiente falta de aprecio por ellas. Nuestro deseo de gratificación instantánea nos ha conducido al punto de que sacrificamos una excelente calidad debido a la dificultad y el tiempo que lleva producirla.

Plantar pacientemente

Teniendo en cuenta la cantidad de trabajo que se necesita para producir una gran comida, me recuerda la forma en que descubrimos y utilizamos lo que Dios ha colocado dentro de nosotros: los dones, los talentos, las habilidades y las preferencias principales exclusivas del diseño de nuestro Creador. A lo largo de nuestras vidas y en medio de las diversas variables de nuestros entornos particulares, el mismo Dios que colocó esas semillas y dones dentro de nosotros busca cultivar y cosechar su inversión inicial para multiplicarla aún más. Nuestro Creador desea que estas semillas internas y talentos latentes crezcan, maduren y produzcan abundantes frutos para algo más.

Debido a que Dios es el Creador de todo en nosotros, y porque somos creados a su imagen, tiene sentido que Él desee ver su creatividad ejercida en sus creaciones. Si el ciclo de la naturaleza nos obliga a reproducirnos de acuerdo a nuestro propio género, lógicamente vemos esa misma inclinación en el Creador que pone este ciclo en movimiento. Su intención es que las semillas colocadas dentro de nosotros crezcan, se desarrollen, maduren y maximicen nuestro crecimiento.

Sin embargo, nuestro mundo actual exige resultados que se produzcan rápido, y muchos de nosotros hemos menospreciado los pequeños comienzos en las semillas. Es un hecho que las semillas tardan en crecer. Usted no planta una semilla hoy y espera una cosecha mañana. A menudo, no ejercitamos la paciencia para esperar, observar y esperar un poco más.

No obstante, la paciencia puede ser la última fuente de control de calidad de lo que Dios está cociendo a fuego lento en su alma y realizando en su vida. El verdadero misterio de Dios está oculto en la belleza de la semilla y se revela maravillosamente en el proceso de crecimiento. Entonces, si abortamos el proceso de desarrollo, estamos comprometiendo el poder de la promesa que Dios ha colocado dentro de nosotros. Después de todo, el proceso de que una semilla se convierta en lo prometido es la realización subyacente de nuestro destino.

Dar un paso en la dirección correcta hacia su destino en este momento no quiere decir que vea su futuro en toda su gloria esta noche. Quiénes somos, el fruto que estamos destinados a producir y el vino en el que Dios nos transforma requiere más, y merece más, que ser apresurado por una mentalidad de microondas que producirá resultados de poco desarrollo. La calidad genuina, personalizada y notable requiere el lujo del tiempo. Con cada uno de nosotros siendo semillas de alta calidad que el Maestro ha plantado, un proceso de maduración sin entusiasmo sabotearía su plan para transformarnos en algo extraordinario.

Dar un paso en la dirección correcta hacia su destino en este momento no quiere decir que vea su futuro en toda su gloria esta noche.

Cargado de promesa

Una de las más bellas representaciones de la poderosa promesa contenida en una semilla surge en algunas de las últimas palabras de Jesús a sus seguidores antes de su crucifixión. Reunidos en un aposento alto privado, Jesús y sus discípulos se habían reunido para celebrar la Pascua, donde les dijo:

Yo soy la vid verdadera, y mi padre es el labrador.
Toda rama que en mí que no da fruto, la corta; pero
toda rama que da fruto, la poda para que dé más
fruto todavía. Ustedes ya están limpios por la palabra
que les he comunicado. Permanezcan en mí, y yo
permaneceré en ustedes. Así como ninguna rama
puede dar fruto por sí misma, sino que tiene que
permanecer en la vid, así tampoco ustedes pueden
dar fruto si no permanecen en mí (Juan 15:1-5).

Las referencias simbólicas que Jesús se asigna a sí mismo, a
Dios el Padre, y a nosotros como sus seguidores, exigen nuestra
atención. Los roles distintivos dentro de su metáfora predomi-
nante transmiten aspectos clave de nuestro desarrollo personal
y espiritual de una manera que sus seguidores podrían entender de inmediato. La metáfora de Cristo habla de la naturaleza
misma de quién es Dios, por qué vino Cristo, quiénes somos,
y qué ha hecho Dios desde que Adán y Eva dejaron el Huerto
del Edén al desobedecer a su Creador. Existe una relación entre
nosotros, el Salvador y el Creador que Jesús claramente nos
presenta al usar esta poderosa analogía.

En lugar de labrador, otras traducciones a menudo tradu-
cen la palabra que se refiere al papel de Dios como viñador, un
tipo específico de agricultor responsable de cultivar vides. De
las vides que el Creador cultiva, podemos concluir que Dios
desea vides con ramas que den frutos. Jesús es la Vid, y nosotros las ramas que dependen de Él para la vida. No podemos
hacer nada sin Cristo, que facilita y sostiene el proceso de crecimiento vital entre nosotros y nuestro Creador y Cultivador.
Jesús es el punto de reconexión entre nosotros y Dios, y entre
Dios y nosotros.

No somos capaces de producir fruto por nosotros mismos. Debemos estar conectados, nutridos y fortalecidos por nuestra Vid, incluso cuando servimos a los propósitos del Labrador. El potencial latente dentro de nosotros solo puede realizarse bajo presión horizontal para propósitos verticales.

Debemos estar conectados, nutridos y fortalecidos por nuestra Vid, incluso cuando servimos a los propósitos del Labrador.

Diseñados para la eternidad

Considere el crecimiento biológico de un ser humano desde la concepción hasta la plena madurez. La esperma, o semilla, de un hombre fertiliza y se fusiona con el óvulo o huevo, de una mujer. Ese huevo fertilizado se desarrolla en un embrión durante un periodo de nueve meses. Al final de la etapa fetal, un bebé nace al mundo. Durante un período de años, el bebé crece hasta convertirse en un infante, y luego avanza hacia la niñez, la adolescencia y, finalmente, la edad adulta.

A pesar de las enfermedades u otros desafíos, ni un solo niño traído a este mundo permanece en forma de semilla. Ninguno de nosotros es un óvulo grande y fertilizado que recorre el vecindario. Cada uno de nosotros se convirtió en algo más grande. Crecimos hasta la madurez plena de nuestro potencial.

Lo que vemos en el ámbito natural es un reflejo de lo que vemos espiritualmente, porque ambos están entrelazados entre sí. Como resultado, encontramos otra versión del desarrollo natural del niño en nuestra naturaleza espiritual. En el ámbito espiritual, hay un proceso en el que entramos en el cual Dios nos cultiva y nos convierte en una vid saludable en su viña, y Dios ha hecho que Jesús sea el tipo de vid que debemos ejemplificar en cada etapa de la vida.

Por ejemplo, ya sabemos que Cristo se hizo humano para familiarizarse con cada una de nuestras pruebas, dificultades y tentaciones (ver Hebreos 4:15-16). En esencia, Él experimentó todos los dolores de crecimiento que nosotros experimentaríamos. A medida que Jesús creció en estatura, sabemos que creció en favor con Dios y con los hombres, y comenzó a dar fruto (ver Lucas 2:52). Aunque era un adulto que produjo una maravillosa cosecha durante sus tres años de ministerio, no vino a la tierra simplemente para hacer milagro tras milagro. Él intentaba pasar de algo temporal a algo eterno.

Aunque Cristo se convirtió en un adulto físicamente, su espíritu cargaba dentro de Él una promesa aún más grande, de una cosecha eterna y no solamente milagros que serían alabados temporalmente. Para que esa promesa espiritual naciera, la semilla sobrenatural tenía que entrar en su propia versión de desarrollo. Como cualquier semilla que brota, tenía que ser plantada. En esencia, todo lo que la semilla conoce acerca de sí misma tiene que terminar. La semilla, entonces, debe morir, así como Cristo murió para que pudiera darnos a luz como hijos espirituales de Dios, su descendencia divina.

Tal como lo hizo con Cristo, Dios nunca nos destinó para permanecer en forma de semilla. Él no nos diseñó así porque nada eterno podría existir temporalmente. El deseo de Dios siempre ha sido reconectarnos de nuevo con Él y llevarnos de lo finito a lo infinito. Una de las cosas que más amo de la

Palabra de Dios es cómo Dios aborda cada temporada de la vida: la inicial, la mediana y la final. Si Jesús es el Hijo unigénito de Dios, ¿cómo no podemos asignarle la misma naturaleza intemporal y eterna que vemos en Dios? De hecho, esta verdad es el fundamento a partir del cual Juan comienza su relato del Evangelio de la vida de Cristo:

> En el principio ya existía el Verbo, y el Verbo estaba
> con Dios, y el Verbo era Dios. Él estaba con Dios
> en el principio. Por medio de él todas las cosas
> fueron creadas; sin él, nada de lo creado llegó a
> existir. En él estaba la vida, y la vida era la luz de la
> humanidad. Esta luz resplandece en las tinieblas y
> las tinieblas no han podido extinguirla...
> El Verbo se hizo carne y habitó entre nosotros.
> Y hemos contemplado su gloria, la gloria que
> corresponde al Hijo unigénito del Padre, lleno de
> gracia y verdad (Juan 1:1-5, 14).

Puesto que Jesús es el fruto mismo de la Palabra de Dios, Él también debe ser el principio o la semilla de nuestras vidas. La semilla, entonces, ya estaba presente porque Jesús es simultáneamente la vid y la semilla. Por lo tanto, la semilla y la vid son una.

¿Confundido? Sé que es alucinante y requiere una reflexión. Quizás el apóstol Pablo lo explicó mejor en su carta a los gálatas: "Ahora bien, a Abraham fueron hechas las promesas, y a su simiente. No dice: Y a las simientes, como si hablase de muchos, sino como de uno: Y a tu simiente, la cual es Cristo" (Gálatas 3:16, RVR1960).

Con Jesús siendo la simiente prometida a Abraham como

herencia, debemos preguntarnos cuál fue la promesa dentro de Jesús que debía cumplirse. La promesa llevada por Cristo es una abundante cosecha de frutos. Puesto que Jesús es tanto semilla como vid, somos las ramas prometidas que dan frutos que brotan de Él. Durante la Última Cena, vemos a la Semilla de Abraham hablando con su descendencia espiritual que pronto asumiría la tarea de no solo fructificar, sino también señalar otras semillas de promesa inactivas de regreso al Salvador que da vida, Jesucristo. Si Jesús es la semilla que se convirtió en vid, la cual nos produjo como ramas que dan fruto, el fruto que producimos y las vidas que vivimos son semillas que Dios ha intencionado para un propósito mayor.

Si Jesús es la semilla que se convirtió en vid, la cual nos produjo como ramas que dan fruto, el fruto que producimos y las vidas que vivimos son semillas que Dios ha intencionado para un propósito mayor.

Fuimos creados para ser mucho más que fruto temporal; *¡somos su vino eterno en elaboración!*

Lugares sucios

¿Cómo se produce este proceso de fermentación en vino eterno? Aquí está la respuesta sencilla: con el tiempo, en lugares sucios.

Si somos llamados a ser como Cristo, a llegar a ser como Él, como Dios nos ha llamado (ver 1 Corintios 11:1), debemos aceptar el hecho de que experimentaremos un proceso de transformación similar. A medida que experimentamos la maduración, llegamos a comprender que nuestro fruto temporal nunca fue el fin de un Maestro eterno, sino un simple paso en el proceso de elaboración del vino eterno. Como resultado, nuestro desarrollo espiritual, desde las semillas hasta las ramas maduras que dan frutos, exige que enfrentemos un paso que muchos de nosotros luchamos por comprender: crecer en lugares sucios.

Nuestro desarrollo espiritual, desde las semillas hasta las ramas maduras que dan frutos, exige que enfrentemos un paso que muchos de nosotros luchamos por comprender: crecer en lugares sucios.

Cuando todo se desmorona en nuestras vidas, somos rotos, pero no destruidos. La cáscara externa en la que todos hemos confiado durante tanto tiempo comienza a fallarnos a medida que las aguas de la vida suavizan nuestra capa protectora. La tierna vida interior y la identidad de quiénes somos está desnuda e indefensa frente a aquellas cosas que amenazan la única existencia que conocemos. Cuando nos colocan en circunstancias peligrosas, nos apresuramos a protegernos y mantener todo en su lugar. Echamos raíces en el terreno debajo de nosotros con la esperanza de anclarnos contra las tormentas de la vida. Anhelamos que alguien o algo nos sostenga, nos levante, nos sustente, pero con demasiada frecuencia nos inclinamos y nos marchitamos con los vientos de nuestro aislamiento y la soledad.

¿Cómo usted responde al ser quebrantado por la vida? ¿Dónde intenta echar raíces para asegurar su fuente de vida? ¿Se concentra en adquirir dinero solo para descubrir que no le satisface? ¿Busca sexo solamente para descubrir que el toque de otra persona es solo un reflejo de su propia soledad? Tal vez se acerque a la iglesia solo para darse cuenta de que la religión sin la voz de Dios no es más que correr dentro de una rueda de hámster.

Independientemente de lo que hagamos mientras intentamos mantener el equilibrio y la seguridad, tarde o temprano, normalmente nos sentimos atascados. Nuestras raíces permanecen en su lugar mientras nos esforzamos por aquello que creemos lo hará todo mejor; porque todos buscan algo cuando parece que Dios está en silencio. Después de cada fracaso de acciones ineficaces que esperábamos anestesiaran el dolor, nos esforzamos para tocar algo, cualquier cosa, que haga más soportable nuestra soledad e incomodidad.

Sin embargo, en nuestra prisa por escapar del dolor, el desorden y el quebrantamiento de nuestras vidas, a menudo, perdemos nuestras oportunidades de crecimiento. Atados a la confusión de nuestra mentalidad equivocada, podemos perder lo que Dios puede estar haciendo en medio de este lugar sucio. Con un golpe, una tensión, un empujón, un estiramiento y una carga ascendente, usted lucha para dejar el lugar donde le plantaron porque, seguramente, cree que Dios debe tener algo mejor para usted que el lugar de donde viene y donde está.

Su interior llora para que salga de ese hogar abusivo. Su corazón anhela escapar de la pobreza. Sus dones se expanden y aumentan a medida que busca hacer crecer su negocio. "Seguramente", dice en medio del aparente silencio de Dios, "Él no me abandonará en este lugar de muerte".

Justo cuando usted ha perdido toda esperanza, ve algo que nunca antes había presenciado. Cuando decide dentro de sí mismo que tal vez, solo tal vez, donde se encuentra es el lugar asignado en la vida, Dios permanece en silencio. Sin embargo, le recuerda su promesa mostrándole la luz que nunca había visto. Se mueve hacia la luz, saliendo lentamente en fe a pesar de todo el dolor, la inmundicia, la vergüenza y el sufrimiento.

Rompiendo a través de la tierra oscura donde le colocaron en la vida, usted brota y se levanta para continuar viendo otro mundo de posibilidades. El lugar sucio se convirtió en el suelo nutritivo que le permitió crecer y florecer de una manera que nunca habría experimentado sentado en la seguridad de un invernadero.

Enterrado para florecer

La mayoría de las personas aman la idea de ser dotados y tener la capacidad de hacer algo grandioso, pero no sonreímos con tanta intensidad cuando nos colocan en los procesos refinadores de la vida. Ahora, ¿qué pasa con una semilla si no se planta? Jesús dijo: "Ciertamente les aseguro que, si el grano de trigo no cae en tierra y muere, se queda solo. Pero, si muere, produce mucho fruto" (Juan 12:24).

No podemos pedirle, legítimamente, a nuestro Labrador que omita el desarrollo de nuestras vidas simplemente, porque nos sentimos incómodos de estar solos en lugares oscuros. Impedir que una semilla sea plantada es condenarla para que nunca alcance su potencial pleno. Es un hecho que las semillas están destinadas a ser cubiertas y morir.

Impedir que una semilla sea plantada es condenarla para que nunca alcance su potencial pleno.

No importa quiénes somos, dónde estamos en la vida o de dónde venimos, debemos comenzar a apreciar las etapas desagradables de nuestro inicio. Cuando permitimos que el Señor cambie nuestra mentalidad, comenzamos a ver que todo lo que nos ha sucedido pasó por una razón. Si miramos hacia atrás, al retoño que se empujó por debajo del suelo de tierra ocultándolo, descubrimos razones detrás de nuestra adversidad que antes eran invisibles e inimaginables, pero que ahora son repentinamente aparentes y milagrosos cuando llegamos a la etapa de fructificación.

Al reflexionar, examino los períodos anteriores de mi vida y recuerdo lo temeroso que estaba en medio de algunos de ellos. Ahora, con poco más de cuarenta años de ministerio, observo esos lugares y me doy cuenta de que eran parte integral de donde Dios me ha llevado y a dónde me seguirá llevando. Veo que cada intervalo de crecimiento de mi vida fue precedido por una fase de siembra en la que fui enterrado en un lugar sucio. Comencé a comprender que la etapa de mi vida en la que me encontraba en ese momento, que seguramente estaba a punto de finalizar, sería la etapa inicial para la próxima temporada. No podría haberse producido el fruto sin la frustración. Y Dios no habría podido fermentar mi fruto para producir su vino con la máxima potencia, a menos que estuviera dispuesto a rendir mi voluntad a su lagar.

Aunque no me ha gustado el proceso, mi fe ha madurado al descubrir esta nueva perspectiva. Este cambio me ha llevado a aceptar que Dios nunca tuvo la intención de guiarme a un lugar muerto y dejarme allí. La muerte aparente a través de la cual me escoltó fue simplemente el precipicio de un nuevo comienzo; y de eso se trata la plantación y la muerte de cada semilla. A través de esas etapas, llegué a la verdad: *Dios no me estaba enterrando, ¡Él me estaba plantando!*

Esas áreas y momentos en que la muerte de un sueño, una tarea o una visión parece acechar todos sus movimientos, no son más que la entrada al próximo ámbito de su vida. No huya de ellos. Abrácelos, porque la muerte proverbial de lo que intenta mantener vivo enriquecerá el crecimiento y las vidas de los demás.

La transformación requiere sacrificio, y me pregunto si ha malinterpretado la intención del Labrador. En lugar de condenarle a un cementerio, que es quizás lo que pueda sentir, Dios le está plantando en un suelo más rico para obtener mayor fruto.

Dios le está plantando en un suelo más rico
para obtener mayor fruto.

Humillado por la retrospección

Al permitir que mi mente vuelva a ese día con Sarah en el balcón, me maravillo de lo que Dios ha hecho en nuestras vidas. Si hubiera sabido lo que sé ahora, no me habría sentido tan en conflicto con su anuncio lleno de lágrimas. Verla convertida en la mujer que es hoy, la familia que tiene, la madre que se ha convertido para todos sus hijos, y la esposa y pastora asistente que ha sido para mi yerno, es un ejemplo perfecto de lo que Dios puede hacer cuando se le permite hacer su voluntad.

Entender ahora que Dios la colocó a ella, a mi nieto, que entonces aún no había nacido, y a mí en una proximidad tan simétrica el uno del otro, es increíble. Dentro de mi hija estaba la manifestación física de una semilla madurando en algo que pronto dejaría el terreno del vientre de Sarah. Ella, a esa edad tan joven, fue empujada al suelo sucio de lo que es ella ahora. No solo tenía que aprender a ser madre, Sarah estaba siendo llevada a un curso acelerado de adultez responsable. A pesar de tener a un hijo en su adolescencia, ahora comparte con su esposo la responsabilidad de criar hijos espirituales que darán sus propios frutos naturales y eternos.

Pero entonces, estaba yo. Al convertirse Sarah en madre, descubrí que eso requirió que yo dejara viejos patrones de pensamiento para convertirme en el padre y el abuelo que ella y mi nieto necesitarían. Me llevaron de vuelta a un primer grado espiritual para volver a aprender algunos fundamentos de la fe de una manera diferente. Mi familia había cambiado. Mi perspectiva fue alterada. El obispo de quien los pastores y los líderes mundiales buscaban sabiduría tenía que quedarse después de la escuela con Dios para recibir tutoría en áreas donde él no tenía experiencia. Fui humillado y obligado a confiar en Dios y caminar por fe como nunca antes.

Ciertamente, de la manera en que Dios decidió desarrollarme en el proceso fue poco ortodoxo. Fue oscuro. Fue terrible. Fue sucio. Pero, mirando hacia atrás, me doy cuenta de que cada lugar sucio de muerte valió tanto la vida y el fruto que Él ha producido en mi vida ahora.

Lo mismo es cierto para usted. Dios está obrando, y no hay lugar demasiado sucio que Él use como el suelo rico de su maduración y fructificación espiritual. Donde sea que esté o cualquiera que sea su lugar sucio, mire a su alrededor y permita que el Maestro ajuste su pensamiento. Después de todo, Dios todavía no ha terminado con usted.

La calidad toma tiempo, y usted es la obra maestra de Dios.

CAPÍTULO 3

La estrategia de cultivo

Al salir por la puerta hacia el portón que me llevaría a mi libertad, sabía que, si no dejaba atrás mi amargura y mi odio, todavía estaría en la cárcel.

Nelson Mandela

Imagínese pasar todo el día rodando una roca gigante, una que apenas puede empujar debido a su peso aplastante, hasta la cima de una colina. Luego imagine tener que empujar esa robusta roca cuesta abajo al día siguiente, de vuelta a donde comenzó. Luego empujarla hacia arriba de nuevo. Día tras día, usted trabaja y se esfuerza y suda para mover esa roca, solo para cubrir el mismo suelo duro y llenos de baches. No hay satisfacción, solo estancamiento.

Este castigo surge no de una conjetura cruel de mi propia imaginación, sino de la mitología antigua y la historia de un hombre llama Sísifo. Después de cometer crímenes atroces contra los dioses, Sísifo fue condenado a pasar la eternidad haciendo rodar esa roca arriba y abajo por una montaña. El autor y filósofo existencial del siglo XX, Albert Camus, se inspiró en esta historia para explorar sus pensamientos sobre la vida, el significado y el propósito en un famoso ensayo, "El mito de Sísifo", en el que compara nuestra difícil situación con el infame ícono de la antigua Roma.

Los mitos y las fábulas son una cosa, pero la cruda realidad del encarcelamiento es otra. Estoy agradecido de no haber conocido nunca semejante castigo. Al ser despojado de mi libertad de elección y privado de la capacidad de experimentar nuevas oportunidades y visitar lugares emocionantes, es un horror que nunca quiero encontrar. Prospero en el cambio y detesto el estancamiento de estar atrapado en interminables ciclos de inutilidad. Y, sin embargo, esa es la intención con el encarcelamiento.

No, no puedo imaginarme veintisiete días en una celda, y mucho menos los veintisiete años de Nelson Mandela. El hombre que se convertiría en el presidente de Sudáfrica sufrió un encarcelamiento injustificado por tomar una posición contra las injusticias raciales y sociales del *apartheid*. Al escuchar tales noticias, los líderes y activistas de los derechos civiles de hoy estarían en un alboroto y luchando febrilmente por el cambio, porque cada uno de nosotros, en algún nivel, valoramos el don de la libertad. Después de todo, ¿podría venir algo bueno de encarcelar a un hombre inocente?

¿Podría ser que preguntamos dichas preguntas porque perdemos de vista una estrategia mayor? ¿Qué pasaría si la prisión fuera el lugar sucio del presidente Mandela, ese campo horrible donde se cultivaba y refinaba todo lo que lo convertiría en un gran líder? Cuando considero todo el mosaico de la vida del presidente Mandela, obviamente, esos veintisiete años terribles tuvieron que tener un fuerte impacto sobre él, sin mencionar las vidas de su familia y seres queridos. Pero, al observar la historia de su vida en su totalidad, y no solo en ese lapso de casi tres décadas, es difícil no ver el efecto que tal sufrimiento sembró en su formación. Si el Maestro estaba obrando en algo extraordinario en la celda del presidente Mandela, nos vemos obligados a examinar nuestras propias vidas a través del mismo lente y nos damos cuenta de que Dios tenía una estrategia en los lugares horribles, ya que esos fueron los campos en los que Él decidió cultivarnos.

Dios tenía una estrategia en los lugares
horribles, ya que esos fueron los campos en los
que Él decidió cultivarnos.

Vástagos que germinan

¿Ha notado nuestra propensión humana de meditar sobre lo desastroso a costa de lo próspero? Hacemos todo para evitar las experiencias horribles de la vida, sin comprender el hecho de que los vástagos germinados nunca podrían entender el proceso de cultivo desde su propio punto de vista limitado. De manera similar, es un golpe sorprendente para nuestra comprensión limitada de Dios aceptar que Él usaría los procedimientos más heterodoxos y los entornos inhóspitos para convertirnos en algo más, algo que rebosa del potencial de crecimiento dinámico. Pero ¿qué es mejor que deshacerse y estropearse en las manos del Maestro, si una nueva forma de vida y abundancia son los resultados prometidos? ¿Y si todo lo que ha sufrido en su vida fue necesario para cultivar la grandeza que tiene en su interior?

Luchamos contra la soberanía de Dios, porque no nos gusta dónde nos ha colocado su proceso. Sin embargo, donde lo encontró el Señor y donde Él decide plantarlo, puede ser bastante diferente. Todos estamos siendo injertados en una vid cultivada sobrenaturalmente, y esta fusión toma tiempo y nos cuesta el bienestar de todo lo que consideramos cómodo y familiar. Cuando tiene la vida al revés y se elimina cada detalle reconocible de su entorno, le produce un trauma.

Pero el Maestro es intencional en la forma en que reubica los brotes silvestres de nuestras vidas y los traslada a los campos de promesa irreconocibles. Este es el secreto para aceptar la violencia visible de los tiempos turbulentos: debemos recordar que el suelo debe ser revuelto o, de lo contrario, quedará baldío, agotado de sus nutrientes y minerales e incapaz de tener espacio para un nuevo crecimiento.

El acto de cultivar está unido con nuestro desplazamiento a propósito, porque todo lo que crece naturalmente, sin cultivo, lo hace sin la mano cuidadosa y la atenta mirada de un Labrador intencional. La cultivación habla orden al caos, orquesta armonía de la desarmonía, extrae cuidado del descuido y provee orientación a la ausencia de objetivos. El cultivo lleva dentro de sus raíces el deseo de crecer y crear donde, de alguna manera, el crecimiento y la creación son imposibles.

Cualquier campesino y agricultor entiende esto, pero muchos de nosotros perdemos el punto en nuestras propias vidas. Elegimos nuestra propia manera de ver, creer y actuar porque creemos que lo sabemos todo. Como resultado, perdemos nuestra verdadera identidad y las bendiciones que podríamos haber tenido, si simplemente nos hubiéramos sometido al proceso.

Dios está firmemente comprometido en desarrollarnos en aquello que nunca seríamos si no fuera por su intervención directa. Cuando nos encontramos quebrantados, maltratados, golpeados y magullados por nuestras circunstancias, es posible que el Maestro, al que estamos orando para que elimine y resuelva el problema, es el mismo que lo aprobó y lo está utilizando para lograr un efecto mayor.

Dios está firmemente comprometido en desarrollarnos en aquello que nunca seríamos si no fuera por su intervención directa.

Tropiezos en el cultivo

De todos mis años de enseñanza, predicación, tutoría y de vivir a través de pruebas infernales, creo que nuestra maduración requiere que estemos limitados a los métodos divinos y aprisionados por el propósito de Dios. Vea, he tenido el privilegio de conocer a algunas de las personas más interesantes del mundo, ¡y nadie está más sorprendido que yo! En mis más descabellados sueños, nunca me imaginé estar sentado frente al presidente ejecutivo de AT&T o ver a Oprah Winfrey moverse y operar en el mundo del cine, la televisión y los medios impresos, porque la semilla de quién yo era no podía comprender el fruto que daría y el vino en el cual me convertiría.

No me desperté, de repente, como la persona que ve hoy. Fui desarrollado en esto, y Dios todavía está fomentando aún más dentro de mí. Nada de lo que ve en mi vida actual sucedió debido a la magia, suerte o casualidad. Todo esto es el fruto del propósito, el cultivo y el tiempo, la culminación de innumerables detalles aleatorios que se unen en algo hermoso.

Déjeme ilustrar lo que quiero decir. Mi esposa, Serita, y yo nunca tuvimos ningún deseo de hacer películas. Comenzamos a predicar y hacer obras de teatro sobre el evangelio, y casi lo perdemos todo en nuestros intentos por echarlos adelante. Finalmente, descubrimos cómo ser semi exitosos con ellos y llevamos la versión teatral de *¡Mujer, eres libre!* [*MEL*] a Atlanta. Allí nos topamos con Tyler Perry, pero no con el Tyler Perry que usted conoce hoy. Cada uno de nosotros era una semilla en el campo del entretenimiento, y ninguno de los dos entendía realmente el poder de lo que estábamos haciendo. Simplemente estábamos dando traspiés, tratando de sobrevivir mientras ministrábamos el evangelio de una manera única.

MEL finalmente llegó a Los Ángeles y allí conocimos a Reuben Cannon, un productor de cine que nos ayudó a introducirnos a Hollywood. Este fue un proyecto que mi esposa y yo creíamos que no iría más allá del escenario teatral, y mucho menos exclusivo para la televisión. Todo el tiempo, parecía como si nos estuviéramos moviendo al azar, en un momento, de una bendición a la siguiente. Fue en el campo de la predicación y el entretenimiento donde Serita y yo finalmente comprendimos que lo que el Señor había planeado para nosotros era mucho más grande, mejor y más brillante de lo que teníamos en mente. Sin embargo, ese fruto no aparecería de repente. El Labrador nos llevaría a través de un proceso de cultivo de construcción único que llevaría al desarrollo del fruto que se ve actualmente.

Así como nosotros lo hicimos, es posible que usted se encuentre tropezando de una temporada de su vida a la siguiente, buscando una respuesta que le ayude a conectar los puntos que a menudo parecen tan caóticos y desconectados. Al ser desplazado, dislocado y desalojado del ambiente cómodo que creía que era mejor para usted, ahora se encuentra tropezando en circunstancias y hábitats que les son completamente desconocidos. Mientras su enfoque permanece fijo en sobrevivir a los interminables ataques de la vida, extraña lo que el Maestro está haciendo *con* usted y *por* usted, desarrollándolo estratégicamente y escoltándolo de una etapa de bendiciones a la siguiente.

En pocas palabras, la semilla no entiende la vid en la que se está convirtiendo. Todo lo que ocurre en su vida parece ser una casualidad, ya que todo lo que puede ver es la suciedad y el lodo del que está tratando de escapar. Cuando somos enredaderas podemos mirar hacia atrás a lo que solíamos ser y notar que lo que parecían ser accidentes, incidentes y coincidencias, convergieron para producir lo que somos y el fruto que cuelga de nuestras ramas.

La semilla no entiende la vid en la que se está convirtiendo.

Serita y yo no pudimos ver lo que el Señor estaba haciendo, pero ahora vemos que Él estaba sentando las bases y vertiendo el concreto para la estructura que vendría después. El Maestro no exigió que viéramos y entendiéramos los planos que tenía en sus manos. Solo nos pidió que confiáramos en Él mientras trabajaba.

El Labrador está haciendo lo mismo con usted.

Dios no espera que usted envuelva su mente en torno a cómo debe crecer. Él solamente espera que usted confíe mientras da traspiés a través de su proceso, porque el crecimiento está plagado de cambios y correcciones constantes. Es a través de los tropiezos en nuestras vidas que el Maestro nos lleva de las etapas de la semilla a las etapas de fructificación. Y es a través de nuestra propia planificación, obstinación y necesidad de querer las cosas a nuestra manera, que nos desviamos nosotros mismos del propósito.

Por ejemplo, yo mismo soy un planificador. Mi familia y amigos les dirán que yo estoy diez años por delante de donde sea que estemos en el calendario. Pero he aprendido, y usted debe hacerlo también, que todos nuestros planes y deseos deben tomar un segundo plano en el proceso creativo que Dios está orquestando para nuestras vidas. Es bueno planificar, pero debe dejar espacio para que Dios cultive su crecimiento. A veces nos interponemos en el camino o demoramos lo que Él quiere hacer. Pensamos que sabemos qué es lo mejor y cuál será el uso más productivo de nuestro tiempo y nuestros recursos, pero la verdad es que solo el Maestro Viticultor sabe el momento perfecto en nuestras vidas para que se realice su trabajo.

Piense en su vida y en todos los eventos, las altas y bajas y los entremedios, que lo han llevado a donde está ahora. Observe su vida ahora mismo y comience a evaluar las situaciones donde usted está luchando y esforzándose. Pueden ser terribles y tumultuosas o agradables y pacíficas, pero lo más probable es que forman parte del tejido tedioso que a menudo tapiza nuestra vida cotidiana. Cualquiera que sea su naturaleza, le aseguro que hay un propósito en su tropiezo.

Suelte cualquier carga de remordimiento que pueda albergar dentro de su corazón. Las relaciones fallidas, las oportunidades perdidas, el dinero desperdiciado, las opciones de estilo de vida poco saludables, las decisiones imprudentes; ríndalo todo y confíe que sucedieron por una razón que quizás nunca entienda, pero que aún debe aceptar como parte de su jornada de vida.

Porque esto es lo que debe comprender: Dios no organizó cada paso de su vida hasta este punto para dejar el peso de su futuro solamente en sus propias manos. Él no le ha traído hasta aquí para culminar en un callejón sin salida. Él proporciona una bendición y una lección de lo que parece ser aleatorio, porque es parte de su cultivación. Con Dios, nada se desperdicia. Él redime incluso nuestros momentos más oscuros al permitir que nos convirtamos en un prisma de su luz.

Dios no organizó cada paso de su vida hasta este punto para dejar el peso de su futuro solamente en sus propias manos.

Podemos elegir movernos junto con Dios, al permitirle navegar y llevarnos a áreas imprevistas de crecimiento inesperado. O bien, podemos sentirnos frustrados y hacer berrinches como niños pequeños, insistiendo en nuestro propio camino y con actitudes de derecho y victimización a las cuales nos aferramos. No obstante, aun en esos momentos de indulgencia egoísta, todo lo que hacemos solo demuestra que tenemos una necesidad desesperada de cultivo por parte de Él. Y si repetidamente rechazamos sus intenciones divinas y nos rebelamos contra sus métodos, lo obligaremos a recurrir a medidas aún más drásticas para desarrollarnos.

Dios nunca se da por vencido con usted.

El malestar del estiércol

Incluso cuando decidimos cooperar con Dios y buscarlo en todo lo que hacemos, eso no asegura nuestra comodidad o conveniencia. Aun cuando Dios continúa moviéndose y cultivándonos, hay momentos en que necesitamos más nutrientes para crecer. En lugar de infundirnos más vida, el Labrador entra con más basura y desechos, el milagro del mantillo, porque nuestra nueva vida viene solo después que algo murió.

Nos parecía que nuestro crecimiento comenzaría en lugares de comodidad, pero eso es contraproducente y un retroceso para un Maestro que ha muerto y ha dado lugar a una cosecha similar y del tamaño que el mundo nunca ha visto. Para Él, nuestra comodidad es la prisión que produce más ciclos de estancamiento. Por lo tanto, Él interrumpe nuestra conveniencia y crea problemas para estimular lo que se ha quedado inactivo.

Déjeme darle otro ejemplo. Como muchas personas, hago ejercicio con un entrenador para mantener mi cuerpo saludable y en forma para las luchas de la vida. Ahora, me gustaría que observara y pensara que soy la personificación de condición física, y que no necesito ayuda en mi jornada hacia una vida saludable, sin embargo, tengo que trabajar para ganar esta batalla contra la gravedad y mantener todo en su lugar. Después de entrenar por mucho tiempo, finalmente me di cuenta de que los resultados que buscaba en medio de mi régimen cómodo me evadían constantemente. No fue hasta que me obligaron a salir de mi zona de confort cuando finalmente se produjo el crecimiento muscular y la pérdida de grasa.

Aunque no disfrutaba el dolor de mi esfuerzo, rápidamente aprendí el valor del entrenamiento en un balón de estabilidad. Para realizar los movimientos, debe comprometer cada músculo en su torso. Músculos que ni siquiera sabía que tenía empezaron a trabajar simplemente porque estaba en una posición incómoda que requería que trabajaran para encontrar el equilibrio. Su tensión, sin embargo, produjo fuerza. Podría haber completado las repeticiones necesarias con más peso en un banco, pero el ejercicio no hubiera sido tan efectivo debido a la cantidad de apoyo para el resto de mi cuerpo.

En otras palabras, nuestra conveniencia causa atrofia de lo que necesita crecer, mientras que, por otro lado, prosperamos en la atmósfera desconocida e inestable de cultivo. Esto simplemente no es un principio físico para los músculos más fuertes, sino también la premisa del crecimiento espiritual. En su parábola sobre la higuera que no daba fruto, Jesús dijo que el dueño de la viña había buscado fruto del árbol durante tres años. Al no encontrar ninguno, ordenó al Labrador que lo cortara. "Él entonces, respondiendo, le dijo: Señor, déjela todavía este año, hasta que yo cave alrededor de ella, y la abone. Y si diere fruto, bien; y si no, la cortarás después" (Lucas 13:8-9, RVR1960).

Nuestra conveniencia causa atrofia de lo que necesita crecer, mientras que, por otro lado, prosperamos en la atmósfera desconocida e inestable de cultivo.

Si su vida es repentinamente inestable y nota un aumento en la cantidad de problemas y estiércol que se le impone, preste mucha atención. Es una señal del Señor para que observe cuidadosamente las áreas donde su crecimiento podría haberse estancado. El Labrador solo aplica una cantidad extra de excremento a una planta que se niega a crecer, porque los desórdenes de la vida sirven como las vitaminas necesarias para un fruto saludable. La ironía, por supuesto, es que lo que aborrecemos es a la vez lo que más necesitamos. El uso experto de las pruebas, las tribulaciones y los problemas del Maestro para estimularnos nos obliga a producir las mejores uvas para hacer vino.

Meditaciones miserables

La mayoría de nosotros subestimamos todo lo que el Maestro ha invertido en nosotros. El tiempo, la ubicación, la siembra y aun el sufrimiento sirven a su propósito único. Si el Labrador se toma todo ese tiempo para hacernos crecer y producir fruto, ¿por qué pensamos que somos incapaces de manejar los problemas que Él permite que vengan a nuestras vidas? ¿Por qué creemos que cualquier momento de dificultad y dolor que ocurre en nuestras vidas es el fin? Si Él es omnipotente, omnipresente y omnisciente, que lo es, entonces debemos aceptar que nos ha desarrollado con pleno conocimiento de los obstáculos que hay en nuestro camino.

Sin embargo, cuando llegan los problemas, con tanta frecuencia ignoramos su plan perfecto y entretenemos las dudas que nos trae el enemigo. Permitimos que nuestros críticos internos se conviertan en megáfonos de comentarios humillantes y críticas mordaces de nuestra relación con Dios, y dudamos de que Él nos ama y desea lo mejor para nosotros. De hecho, nuestro enemigo espiritual ama socavar nuestra fe en Dios con preguntas como estas:

¿Cómo puede Dios saber lo que está haciendo si todavía está enfermo?

Ha estado viviendo de cheque a cheque toda su vida, intentando salir adelante. ¿Cómo puede haber sabiduría divina en eso?

Si Dios lo sabe todo y es todopoderoso, entonces Él podría haber detenido la propagación del cáncer. ¿Realmente cree que Él sabe lo que está haciendo?

¿Por qué Dios permitió que perdiera su trabajo después de todo lo que ha hecho por ese lugar? ¿Qué bien puede venir de estar desempleado?

¿Cómo podría Dios permitir que esa relación terminara? Si Él le ama, ¿realmente querría que estuviera solo?

Si alguna vez ha tenido pensamientos como estos, usted no está solo. Yo también me he perdido en el laberinto mental de tales meditaciones miserables. Estas preguntas nos persiguen a todos en medio del laberinto de lamentos. Nos llenamos de dudas y nos preocupamos, y nos dejamos consumir por el miedo y la ansiedad. Sin embargo, nuestras quejas y dudas provienen de un individuo que ha olvidado que ha adaptado específicamente nuestras luchas para que produzcamos frutos suculentos.

El pensamiento de que hemos sido elegidos para el dolor nos confunde, porque creemos que Dios está dando traspiés en nuestro futuro tal como nosotros lo estamos haciendo. Suponemos que no se da cuenta de lo que está a la vuelta de la esquina de la vida; que su punto de vista es tan limitado como el nuestro. No nos gusta mucho un Dios que dice: "¡Ah! ¡Ahora, este hogar destruido es el lugar perfecto para que él se convierta en un excelente padre!". Porque, ¿qué Dios amoroso pondría el objeto de su amor a través de tal trauma? Es cuando estamos plantados por el dolor y presionados por su propósito que agitamos los puños y exigimos que cese de inmediato su plan y nos ayude con el nuestro.

Sin embargo, desperdiciamos valioso tiempo y energía cada vez que pensamos que sabemos más que Dios, incluso cuando no podemos entender las circunstancias en las que nos sentimos enterrados. *Especialmente* cuando no podemos ver nada excepto la oscuridad y solo podemos oler el hedor de la descomposición. Durante esos momentos, debemos confiar en que algo está creciendo. Algo está naciendo en las realidades invisibles que probablemente no podemos ver. ¿Cómo puedo saber esto? Porque Dios lo ha dejado claro: "Porque yo sé muy bien los planes que tengo para ustedes—afirma el SEÑOR—, planes de bienestar y no de calamidad, a fin de darles un futuro y una esperanza" (Jeremías 29:11).

Debemos confiar en que algo está creciendo.

La presencia del dolor en su vida no es una profecía de su destrucción. Más bien, sus problemas son una señal de que Él lo está preparando para que pueda obtener un ascenso brillante y feliz. Usted está en el proceso de brotar a una nueva vida. Pero entiendo cuán difícil se le hace simplemente confiar en Él.

Cuando nos sentimos agobiados por las angustias y abrumados por las demandas urgentes de la vida, nos olvidamos de que nuestro Labrador realmente quiere lo mejor para nosotros.

Estos son los momentos en que somos propensos a la amnesia espiritual y debemos optar por luchar con fe y reclamar lo que Dios nos ha prometido. Incluso en medio de nuestras patadas y gritos para ser liberados del cultivo intencional de nuestras vidas, Dios interviene con una promesa que me ha brindado consuelo inquebrantable en aquellos momentos en que mi ruina inminente estaba frente a mí: "Así que no temas, yo estoy contigo; no te angusties, porque yo soy tu Dios. Te fortaleceré y te ayudaré; te sostendré con mi diestra victoriosa" (Isaías 41:10).

Fíjese en lo que Dios dice, además de decirnos que no hay nada que temer y que no miremos a nuestro alrededor con aprehensión y alarma. Él nos recuerda que nos fortalecerá y nos endurecerá contra la agonía, angustia y ansiedad que nos ocurren. Habla sabiendo que nos encontraremos con todo esto y más, pero también promete que desarrollará dentro de nosotros la fuerza y el valor para permanecer firmes frente a ello, sobrevivirlo y prosperar en medio de ello.

Desplazados para un destino divino

Usted está cansado y siente que está casi al final de su vida. Ha sido desplazado y desarraigado de todo lo familiar en su vida y está buscando algo que le ayude a estabilizarse contra la incertidumbre del mañana. Esta es la temporada cuando deja de buscar ayuda externa y permite que Dios desarrolle y estimule los músculos latentes de su torso. Esta es la temporada en la que se mejora su resistencia, resolución y fortaleza. Aunque ha hecho todo lo posible para llamar la atención del Maestro con la esperanza de que Él ceda de su plan de pisarlo, le aseguro que no está dispuesto a destruirlo. Por el contrario, Él está dispuesto a rehacerlo, remodelarlo y renovarlo. Y ha dado su palabra de que su incomodidad momentánea traerá consigo el fin más provechoso.

El Padre no le ha trasplantado, ni ha invertido todo este tiempo y energía para hacerle crecer solo para darse la vuelta y abandonarlo. Él le ha colocado en el campo que está equipado de manera única con la luz del sol, la lluvia y hasta el estiércol que necesita para convertirlo en una enredadera capaz de dar fruto. Este campo no es su cementerio. Es el ambiente controlado que el Maestro está usando para cultivarle.

Si realmente vemos a Cristo como el primer fruto de algo nuevo y maravilloso en la tierra, entonces, ¿estamos dispuesto a seguir su ejemplo? ¿Realmente lo percibimos como la Vid de la cual brotamos y tenemos vida? Si nosotros, sus ramas, nos reconectamos con el Padre, a través de Cristo, nuestra Vid verdadera, de tal manera que ahora llevamos su imagen, tiene sentido que experimentemos el mismo proceso de maduración. Si seguimos esa línea de pensamiento, debemos ser plantados en los lugares sucios de la vida, porque Cristo fue plantado como una semilla, al venir a nuestro mundo en forma humana, con la intención de que resucitara y diera nueva vida a todos los que nacen de Él. Para que podamos nacer de nuevo, Jesús tuvo que ser plantado y morir antes de resucitar a una nueva vida.

Desafortunadamente, no se nos permite el lujo de tener una retrospectiva clara de las pruebas que nos pueden suceder hasta que hayan pasado. Tenemos que confiar en que Dios sabe lo

que está haciendo. Mientras aceptaba que mi hija estaba embarazada y mi madre se había ido, todavía tenía una letanía de
preguntas que le hacía al Padre. Él permaneció en silencio por
un rato, y eso hizo que lo buscara aún más. Tuve que caminar
por fe y no por vista, que es lo que nos pide a todos.

Por favor, entienda que es desde las profundidades de los
lugares oscuros y sucios de nuestra vida que gritamos por la
atención y la ayuda de Dios mientras que malinterpretamos
que, al igual que una semilla natural, son los microbios en el
suelo de la vida los que se comen los esfuerzos que hacemos
para protegernos de daños. Justo cuando pierde toda esperanza,
ve algo que nunca antes había visto.

Cuando decide dentro de sí mismo que tal vez, solo tal vez,
donde usted se encuentra es el lugar asignado en la vida, Dios
permanece en silencio, pero le recuerda su promesa mostrándole la salida que nunca había visto. Mientras rompe a través
de la tierra sucia donde le colocaron en la vida, usted brota y
se levanta para continuar viendo otro mundo de posibilidades y dice las famosas palabras de David: "Me hizo bien haber
sido afligido, porque así llegué a conocer tus decretos" (Salmos
119:71).

Una semilla no sembrada no es más que un potencial limitado. Amamos al pensar que hemos sido dotados y tenemos la
capacidad de hacer algo grandioso, pero no sonreímos tan alegremente cuando nos colocan en los procesos refinadores de la
vida. ¿Pero no están estos dos íntimamente conectados? ¿Cómo
podemos tener uno sin el otro? No podemos, legítimamente,
pedirle al Maestro que omita el desarrollo de nuestras vidas,
simplemente porque nos sentimos incómodos de estar solos en
lugares oscuros.

Una semilla no sembrada no es más que un potencial limitado.

¿Qué si los lugares oscuros de su vida son esenciales para la cultivación de su máximo potencial?

¿Qué es una semilla si no es plantada? Piense en la belleza, el propósito, el destino y la provisión que se mantiene del mundo cuando guardamos una semilla para que permanezca dormida. Impedir que una semilla sea plantada es condenar a esa semilla a que nunca se dé cuenta de todo su potencial. Es un hecho de que las semillas están destinadas a ser cubiertas y morir. No importa quiénes somos, dónde estamos en la vida o de dónde venimos, debemos comenzar a apreciar las etapas horribles de nuestro inicio. Cuando permitimos que el Señor cambie nuestra mentalidad, comenzamos a apreciar aún más las palabras de Jesús: "Ciertamente les aseguro que, si el grano de trigo no cae en tierra y muere, se queda solo. Pero, si muere, produce mucho fruto" (Juan 12:24).

Todo lo que le ha pasado alguna vez sucedió por una razón. Si miramos atrás al retoño que se abrió paso a través del suelo de la tierra, llegamos a la conclusión de que entendemos las razones detrás de nuestra adversidad cuando llegamos a la etapa de fructificación. ¿Cuándo es que la maceta sabe exactamente cuál es su propósito? ¿No es cuando el alfarero termina de moldearla?

Esas áreas y momentos en los que la muerte de un sueño, una tarea o una visión parece acechar todos sus movimientos no son más que la entrada al próximo ámbito de su vida. No huya de ellos. Abrácelos, porque la muerte proverbial de lo que intenta mantener vivo enriquecerá el crecimiento y la vida de los demás. Ellos forman el terreno y mantillo que generan significado de sus errores.

Sin nutrientes en el terreno de su formación, la semilla no puede ser plantada. De una semilla viene una vid. De la vid viene el fruto. Del fruto vienen incluso más semillas que dan lugar a más plantas. Así como Jesús fue enterrado y de Él continúan saliendo millones de nuevas plantas espirituales que producen maravillosas uvas para hacer vino eterno, hay miles de semillas que vendrán de usted al ser plantado. La transformación requiere sacrificio y me pregunto si usted ha etiquetado incorrectamente la plantación suya como si Dios le hubiera condenado a un cementerio. ¡Lejos está de que el Eterno sea tan finito y temporal!

Le animo a que le permita a la prisión del propósito de Dios para su vida hacer lo que estaba intencionado a hacer: desarrollarlo en una enredadera fuerte. Es su lugar de cultivo. Pero cuando Dios le escolte fuera de su etapa de dolor, asegúrese de dejar atrás la tristeza, la amargura y la ira como lo hizo Nelson Mandela. Después de todo, ¿de qué le serviría al Labrador llevarlo a través de todo el proceso solo para que usted dé fruto mediocre que produzca un vino amargo?

Donde sea que esté, cualquiera que sea su lugar sucio, mire a su alrededor y permita que el Maestro renueve su pensamiento. Después de todo, Dios no ha terminado aún con usted. Usted es una semilla diseñada para germinar. *Su fruto se está convirtiendo en su vino.*

CAPÍTULO 4

La poda no es un castigo

Sacaremos del corazón del sufrimiento mismo los medios de inspiración y supervivencia.

Winston Churchill

Estaba más nervioso de lo normal cuando me preparaba para hablar. Usualmente, puedo sofocar las mariposas en mi estómago con unos momentos tranquilos de oración. Sin embargo, esa noche sentí la adrenalina correr a través de mi cuerpo mientras escuchaba a la audiencia de casi un millón de personas alborotando de emoción. Atrás en el camerino, mientras aguardaba la señal para subir al escenario para mi presentación, no podía creer el privilegio que tenía de estar en Nigeria. Es un país con el que tengo una afinidad especial, una que es de naturaleza profundamente espiritual.

Justo cuando escuchaba el clamor de la multitud, mi teléfono vibró, habiéndolo ya puesto en silencio. Miré el identificador de llamadas por unos segundos y noté que era mi esposa. Ahora bien, yo sé que ella sabía que estaba a punto de hablar ante una de las audiencias más grandes de la historia, así que no podía imaginarme la razón de su llamada. Sin pensarlo, respondí en un susurro. "¿Hola? Estoy a punto de…"

"Es Jamar", dijo mi esposa, sin aliento. "Él… ha tenido un ataque al corazón".

"¿Un *ataque al corazón*?", repetí. Mi voz se elevó de un susurro a un grito mientras los demás que estaban a mi alrededor miraban hacia donde yo estaba. La línea crujió con el zumbido de la estática mientras mi mente corría para procesar lo que no podía aceptar. Ella procedió a contarme los detalles sombríos. Nuestro hijo mayor, un joven fornido y fuerte de poco más de veinte años, sufrió de dolores de pecho causados por un paro cardíaco. Ahora se encontraba en el umbral de conciencia en la unidad de cuidados intensivos cardíacos, luego de una cirugía de emergencia.

Esto no se suponía que sucediera.

Nunca podría haber imaginado a alguien tan joven, fuerte y saludable que cayera de una enfermedad que tendemos a creer que está reservada para personas de edad mediana, adictos al trabajo o para personas de edad mayor. Mientras yo estaba a punto de predicar el primero de varios sermones en una iglesia allí en Lagos que me había invitado, mi hijo se retorcía de dolor en la parte trasera de una ambulancia. Mientras los doctores y las enfermeras intentaban estabilizar su condición en la sala de emergencias, Jamar sufrió un segundo ataque cardíaco antes de ser llevado a cirugía para eliminar el bloqueo e insertar un *stent* en su arteria colapsada.

Cuando terminé la llamada con mi esposa, mi mente cambió a la única meta que importaba: llegar a mi casa para estar con mi hijo. Después de una avalancha de llamadas telefónicas, junto con una sincera disculpa a mis anfitriones, corrí al aeropuerto, consciente de que estaba a punto de cerrar por esa noche. Afortunadamente, mis anfitriones y otros amigos se comunicaron con las autoridades del aeropuerto y les informaron de mi urgencia. Fueron lo suficientemente amables para asegurarse de que mi vuelo pudiera despegar. Solo cuando estaba en el avión desplazándose en la oscuridad del cielo africano fue que sentí que comenzaba a respirar de nuevo. Fue entonces que pronuncié la primera de muchas oraciones, rogándole a Dios que perdonara la vida de mi hijo, que sanara su corazón quebrantado y que consolara el mío.

Solo entonces empecé a preguntarme por qué sucedió todo.

Por qué sufrimos

Cuando sufrimos, buscamos respuestas. Tal vez sea el deseo de recuperar algo de control sobre las circunstancias que nos recuerdan nuestra total impotencia ante ciertas realidades. O tal vez es solo nuestro anhelo humano de creer que todo sucede por una razón, que todos los detalles de nuestras vidas deben encajar como piezas de rompecabezas que revelan un significado más allá de lo que podemos ver desde nuestra perspectiva superficial.

Para aquellos de nosotros que confiamos en la bondad y soberanía de Dios, esta necesidad imperiosa de entender por qué ocurren ciertos eventos no es menos estricta. "Ahora bien, sabemos que Dios dispone todas las cosas para el bien de quienes lo aman, los que han sido llamados de acuerdo con su propósito" (Romanos 8:28). Aun cuando nos aferramos a las promesas de la verdad divina, examinamos nuestro mundo natural en busca de respuestas que solo puedan tener soluciones sobrenaturales.

De alguna manera, creemos inherentemente que, si podemos entender la motivación y contextualización de nuestra crisis, podemos contenerla, reducirla o eliminarla.

Sin embargo, rara vez obtenemos la comprensión o el entendimiento revelador que anhelamos en medio de nuestro sufrimiento. Por mi propia experiencia y el privilegio de caminar con otros durante sus pérdidas más dolorosas, he aprendido que el duelo no es el momento de buscar respuestas. Se necesita de toda su energía para sobrevivir a la turbulencia de la pérdida. Y, a decir verdad, no hay una comprensión filosófica o teológica que pueda articular adecuadamente el dolor que irradia de alguien cuya alma clama en gritos silenciosos.

Rara vez obtenemos la comprensión o el entendimiento revelador que anhelamos en medio de nuestro sufrimiento.

Cuando por fin entré en la habitación del hospital donde yacía mi hijo amado, casi doce horas después de que mi esposa me llamara, no vi allí la constitución del hombre de más de seis pies conectado a tubos y monitores. Vi a mi bebé, a mi niño pequeño, a mi hijo amado. Vi un caleidoscopio de los muchos momentos en que su cara sonriente me miraba, las veces en que su pequeña mano se deslizaba en la mía, las ocasiones en que su energía no podía ser contenida.

Más tarde, después de que Jamar comenzó a recuperarse por completo, me pregunté si todos los padres se sienten así cuando ven que sus hijos sufren. Me imaginé el asombroso asombro y la tristeza que adormecía a María, la madre de Jesús, cuando levantó la vista al pie de la cruz y vio a su hijo amado clavado en vigas de madera rústica junto a dos criminales. ¿Vio ella al León de Judá, al consuelo de Israel, al Mesías, al Salvador del mundo que vino a perdonarnos de nuestros pecados? ¿O vio al bebé que había nacido en un establo, al bebé que había envuelto en pañales y tendido en un pesebre?

O tal vez vio al niño que había jugado en el patio en Nazaret, riendo y cantando, llamándola en la exuberancia de su infancia. Tal vez fue el niño creciendo en sabiduría y estatura, y en el favor de Dios y el hombre, que olía a sudor y aserrín de la carpintería de su padre terrenal. Tal vez fue todo esto. Porque, verá, nuestro Salvador fue su hijo.

Ahí está ella, al pie de la cruz, con los ojos fijos en esa vista horrorosa, mientras que todo en ella quería apartarse de allí. Cuando crucificaron a su hijo, me pregunto si otros habrían visto su angustia escapándose por los poros de la piel de su hijo o su amor goteando por medio de la sangre de las heridas de su hijo. María sabía que nunca volvería a ser la misma, porque habían crucificado a su hijo.

He visto fotos de la Piedad del Vaticano, o *Pietà*, de Miguel Ángel, la famosa estatua de mármol de María, que sostiene el cuerpo sin vida de su hijo después de que Él fuera bajado de la cruz. La escultura es una impresionante obra de arte, más grande que el tamaño normal, localizada en su famoso rincón de la Basílica de San Pedro en Roma. Pero sospecho que el verdadero arte de esta magnífica obra es la forma en que el escultor capturó la esencia de la inefable emoción en la mirada de una madre afligida. Ella lo había criado para que fuera un buen chico, un buen hombre, un hombre conforme al corazón de Dios, y eso fue lo que lo mató.

¿Cómo es que los justos sufren? A lo largo de la historia de la humanidad, hemos luchado contra el porqué de nuestras pérdidas. En las páginas de la Biblia, vemos esta pregunta planteada una y otra vez. Mientras el salmista contempla por qué los malvados parecen prosperar mientras que los fieles sufren, él dice: "...si todo el día me golpean y de mañana me castigan...Cuando traté de comprender todo esto, me resultó una carga insoportable, *hasta que entré en el santuario de Dios*; allí comprendí cuál será el destino de los malvados" (Salmos 73:14, 16-17, énfasis del autor).

Responder a esta pregunta es crucial para su recuperación de los golpes aplastantes de la vida.

Porque, vea, la diferencia entre la poda y el castigo está en la intención. No se trata de descubrir cómo una persona sufre algo diferente a otra persona, sino que está analizando por qué sufre. Ambos sufrimientos se ven y se sienten casi iguales. Para María, lo que vio en el Gólgota fue a dos hombres crucificados junto a su hijo, gritando, sangrando y clamando por los delirantes espasmos de un dolor insoportable. A pesar de su parecido, había una diferencia crucial: dos estaban siendo castigados y uno estaba siendo podado.

¿Enterrado o plantado?

Dios no nos poda para matarnos, sino para sanarnos. Es la diferencia entre experimentar la hoja de una daga en un ataque de callejón y la hoja de un bisturí en una sala de operaciones. Después de soportar la cirugía de espalda para aliviar la presión que ejercían varios discos en mi columna vertebral, mi médico me dijo que el dolor de la recuperación sería muy intenso, porque el cuerpo responde de la misma manera que si hubiera sido atacado por puñaladas, aun cuando el mejor cirujano tenga que cortar delicadamente la carne para salvar su vida.

Dios no nos poda para matarnos, sino para sanarnos.

Pero la intención de cada uno produce un resultado claramente diferente. Si sufre una herida de cuchillo en un atraco y no se trata, su cuerpo se deteriorará, se infectará y morirá. Por otro lado, cuando el cirujano hace una reparación, el dolor de su cuerpo conduce a la curación y recuperación. Lo diferente en la intención no anula las similitudes en el dolor. Pero cambia la dirección de su enfoque a medida que responde al por qué.

Esta diferencia de intención se refleja en la forma en que percibimos nuestra inmersión en el dolor presente. Podemos reconocer que las semillas de grandeza, que Dios ha insertado en nuestro ser, están siendo enterradas para echar raíces, brotar y producir fruto. O podemos asumir que estamos siendo enterrados vivos, asfixiados por la gravedad de nuestras circunstancias. Ser plantado y enterrado puede parecer similar, aunque no lo es, pero la intención lleva a resultados muy diferentes.

Esto es lo que marca la diferencia cuando cambiamos nuestra perspectiva: en medio del sufrimiento, debemos permitirnos encontrar la fe sin negar la verdad. Debemos experimentar la libertad de expresar nuestro dolor e incomodidad sin paralizarnos con nuestras heridas. Pero también debemos disfrutar de la liberación que solo la esperanza puede brindar, la esperanza nace de la comprensión de que no estamos siendo castigados sino meramente podados. Solo estamos siendo cortados para que podamos crecer más fuertes y rectos, más verdaderos y más confiables.

Job conocía esta extraña paradoja. Su nombre se ha convertido en sinónimo de sufrimiento y calamidad opresiva. A pesar de que el olor a quemado de los escombros de sus hogares perdidos y los niños fallecidos llenaban sus fosas nasales, Job se negó a culparse a sí mismo o a aceptar el consejo de otros que asumían que Dios lo estaba castigando. Job sabía que no merecía experimentar el tipo de pérdida que se acumulaba sobre él, el tipo de pérdida agravada por cada nueva crisis que se desarrollaba a su alrededor. Esta era su verdad.

Pero Job también sabía que había puesto su confianza en Dios. Creía que Dios lo amaba y se preocupaba por él, y no había permitido tal pérdida en la vida de Job como una especie de castigo sádico. La belleza del libro de Job es la forma en que proporciona una guía de campo para el resto de nosotros. Observe cómo Job logra expresar su verdad aun cuando se aferra a su confianza en el Señor:

> ¡Cállense la boca y déjenme hablar, y que venga lo
> que venga!
> ¿Por qué me pongo en peligro y me juego el
> pellejo?
> ¡Que me mate! ¡Ya no tengo esperanza! Pero en
> su propia cara defenderé mi conducta.
> En esto radica mi liberación: en que ningún
> impío comparecería ante él (Job 13:13-16).

Job se niega a pronunciar las palabras sobre un cierto desorden o condolencia trivial. Se permite ser fiel a donde está en el proceso. Esto refuerza lo que he observado en las familias en duelo: aquellos que abrazan su angustia y claman tienden a curarse más completamente que aquellos que tratan de fingir que están bien. Sin embargo, con la magnitud de las pérdidas de Job, no había forma de fingir que todo estaba bien. Lo había perdido todo: su riqueza, su hogar, su familia, sus amigos, su salud, *todo*.

Pero Job se niega a creer que esto es todo lo que hay. No se rendirá ni aceptará la derrota. No puede creer que su vida terminará en la ruina. La verdad y la confianza se dan la mano en el alma de Job, y esta es la unión que debemos explorar para ir más allá de nuestra visión de las circunstancias y alcanzar una perspectiva divina más amplia. La poda de Dios, esos eventos que Él nos permite soportar, aunque nos causen dolor e incomodidad, ¡nunca pretenden ser un castigo! ¿Por qué Dios enviaría a su único hijo a morir en la cruz por nuestros pecados si Él planea continuar castigándonos? Todos somos pecadores y nunca podemos pagar la deuda que tenemos, por lo que Jesús hizo por nosotros.

La verdad y la confianza se dan la mano en el alma de Job, y esta es la unión que debemos explorar para ir más allá de nuestra visión de las circunstancias y alcanzar una perspectiva divina más amplia.

Dios permite tal poda al igual que un padre amoroso disciplina a un niño para que éste madure y alcance su máximo potencial. Se nos ha dicho: "Hijo mío, no desprecies la disciplina del Señor, ni te ofendas por sus represiones. Porque el Señor disciplina a los que ama, como corrige un padre a su hijo querido" (Proverbios 3:11-12). Cuando mi madre me hizo perder el baile de la escuela porque no había completado mis tareas como había prometido, me estaba haciendo un favor supremo. Ella me estaba enseñando a cumplir mis promesas para cosechar sus recompensas.

La mayoría de los padres tratan de enseñar a sus hijos el mismo tipo de lecciones. Debido a que aman a sus hijos y quieren que tengan éxito, y porque lo desean más que la comodidad y felicidad de ellos en el momento, los padres ven un panorama más amplio, el futuro de sus hijos y el resultado deseado. Si nosotros, con nuestras habilidades y debilidades defectuosas, podemos ser padres de esta manera, entonces seguramente nuestro Padre celestial en su perfección puede hacer mucho más. Jesús dijo: "¿Quién de ustedes, si su hijo le pide pan, le da una piedra? ¿O si le pide un pescado, le da una serpiente? Pues si ustedes, aun siendo malos, saben dar cosas buenas a sus hijos, ¡cuánto más su Padre que está en el cielo dará cosas buenas a los que le pidan!" (Mateo 7:9-11).

Podados para un crecimiento mayor

Compartir esta verdad con usted tiene la intención de ayudarlo a ver sus heridas desde una nueva perspectiva. Soy una persona sociable, de pies a cabeza. Si habla con mi familia y mis amigos, sin duda le dirán que amo a la gente. Después de todo, nuestras relaciones son nuestro mayor recurso, y mi efectividad como líder encuentra sus cimientos en la proximidad de mi corazón hacia las ovejas a las que estoy llamado a pastorear. De hecho, me regocijo cuando veo que el pueblo de Dios es bendecido.

Sin embargo, estoy convencido de que los momentos más conmovedores y poderosos de nuestras vidas suceden cuando Dios nos lleva a través de las temporadas de instrucción y desarrollo del sufrimiento. Como resultado, me siento atraído por los perdidos y los heridos. Sí, soy un alentador y busco inspirar a la gente, pero mi don de exhortación brotó en un lugar oscuro, y fue cortado y podado por el bisturí de las dificultades de la vida del Maestro.

El ser atraído hacia las personas sufridas y heridas me llevó a aconsejar a un joven llamado Miguel. Brillante, bien educado y muy trabajador, Miguel tenía su mente fija en una promoción que casi se la habían prometido, y sabía que sus superiores lo estaban preparando para su suposición. Meses después, en lugar de que la compañía le entregara los papeles con un nuevo título y un salario más alto, Miguel recibió un recibo rosado y una palmada en la espalda, y fue escoltado por la puerta principal por los guardias de seguridad del edificio.

Cuando Miguel se sentó en el sofá de mi oficina, me miró expectante, esperando que de alguna manera pudiera consolarlo con la sabiduría divina y mitigar sus sentimientos sobre su situación. Todo en mí quería ofrecerle palabras de sabiduría en ese momento, pero el Padre me detuvo porque había algo que Él quería que Miguel viera, algo que no tendría comparación con respecto a lo que yo pudiera decir.

Fue una lección que aprendí de la manera más dura. En mis días de juventud, mi hermano y yo habíamos empezado un negocio de ventanas y revestimientos que sabíamos que sería nuestro boleto al éxito. Los dos éramos jóvenes, fuertes y resistentes, y teníamos el conocimiento suficiente sobre la construcción de viviendas para creer que podíamos hacer que nuestro negocio tuviera éxito. Tomamos un préstamo contra mi automóvil y procedimos a incurrir en numerosos costos iniciales de arranque, aun a pesar de que los nuevos clientes disminuían.

No pasó mucho tiempo antes de que nuestro negocio se derrumbara. Perdí mi coche y nos vimos obligados a pedirle dinero a nuestra madre para cubrir los cheques que habíamos girado y que, de repente, rebotaban por toda la ciudad. Ella tuvo que recurrir a sus ahorros para prestarnos el dinero, y nos sentimos aún más avergonzados de nuestro fracaso.

Sin embargo, si nuestro negocio hubiera tenido éxito, entonces la iglesia The Potter's House no existiría. Probablemente sería un pastor itinerante que estaría trabajando para Supreme Windows en Charleston, West Virginia. En ese momento pensé que era el final de mi vida, que había fallado incluso antes de empezar. Perdí mi sustento, mi transporte y mi confianza.

Al reflexionar, años más tarde, me di cuenta de que temporalmente había permitido que mi complejo de hermano pequeño se interpusiera en el camino de mi destino divino. La dirección de mi vida había sido subvertida momentáneamente por la idolatría hacia mi hermano mayor y mi deseo de complacerlo en lugar de hacer lo que Dios me estaba pidiendo que hiciera. En la agonía del momento, no pude ver mi camino hacia la vivacidad a donde algún día llegaría.

En la agonía del momento, no pude ver mi camino hacia la vivacidad a donde algún día llegaría.

Pero ¿cómo transmitirle esta verdad a mi joven amigo sentado frente a mí con el corazón cargado? Anhelaba romper el silencio tan pesado que flotaba en el aire, pero me sentía obligado a contenerme. Ni siquiera nuestra respiración y el aire fresco que susurraba a través de los conductos perforaban la quietud. Con la densa tristeza de los afligidos, Miguel bajó la cabeza y miró la alfombra. Entonces, como si la verdad finalmente lo golpeara, me devolvió la mirada y exclamó: "¿Por qué *yo*? ¡Hice todo bien! ¡Todo por lo que he trabajado *se ha ido*!".

En ese momento, la represa de emociones de Miguel estalló, y el llanto que había mantenido a raya durante tanto tiempo salió de él. Se estaba colapsando bajo el peso de la pérdida de su principal fuente de ingresos, y de los temores y las angustias resultantes sobre el posible futuro de su familia, un futuro que ahora solo era una posibilidad fugaz. Sin embargo, aún persistía un punto que el Señor quería que Miguel descubriera. Le entregué una caja de pañuelos y le permití todo el tiempo que necesitaba para recuperarse.

Miguel no estaba libre de pecado, pero tenía razón, había hecho todo bien. Era el mejor en su trabajo. Trabajaba de voluntario en la iglesia. Daba sus diezmos. Era un hombre sobresaliente, un líder entre los líderes más importantes. Nada de esto le garantizaba ser libre de la angustia humana. Dios amaba a Miguel más de lo que él podía percibir en el momento. Miguel sintió que estaba siendo castigado injustamente cuando en realidad estaba siendo podado por la gracia de Dios.

¿Por qué *no* usted?

He sido acompañado a los puntos de ruptura de la vida muchas veces antes, y lo que se sumó a mi confusión fue la constatación de que los puntos más graves de mi viaje seguían de cerca a los momentos de extraordinaria alegría. Recuerdo cuando Dios comenzó a ajustar mi perspectiva del dolor que sentimos durante las temporadas de poda de la vida. Mi familia estaba experimentando bendiciones sin precedentes, a la iglesia le estaba yendo extremadamente bien, y grandes oportunidades continuaban presentándose para el ministerio.

Entonces el colapso económico de 2008 destrozó mi felicidad. En cuestión de meses, pasé de ser testigo de una temporada de cosecha que me llevó de rodillas en alabanza a encontrarme en una temporada en la que todos los esfuerzos fructíferos y la vid eran cortados de manera agonizante hasta las raíces. Si bien ya había estado subsidiando la nómina para el personal de nuestra iglesia, ya no tenía los recursos para cubrir a docenas de empleados. Tuvimos que despedir a cuarenta personas.

¿Cuál podría haber sido el propósito de permitir que la iglesia estuviera saludable con un excedente y luego, de repente, estuviera desnutrida hasta los huesos? No fue hasta que estuve mirando por esas ventanas tan familiares durante una de esas noches solitarias del alma cuando finalmente me permití preguntarle a Dios: "¿Por qué yo, Señor?".

Él me sorprendió con su respuesta en estas simples palabras: *¿Por qué no tú?*

La pregunta precisa y directa del Maestro resaltó un error que ni siquiera me di cuenta que había cometido. Supuse incorrectamente que yo, mi familia y otras personas que nos rodeaban habían pecado y no se habían arrepentido de ello, como si tuviéramos que haber provocado su juicio de alguna manera. Amablemente, el Señor me recordó el tiempo *cuando* tiene lugar la poda.

La poda siempre ocurre después de la cosecha.

Ahí estaba yo, cuestionando el tiempo y la sabiduría divina en mi vida cuando su tiempo es perfecto. La poda de Dios de las ramas de bendiciones en mi vida inmediatamente después de una cosecha masiva correspondía directamente con las mismas palabras del Maestro mismo: "Él corta de mí toda rama que no produce fruto y *poda las ramas* que sí dan fruto, para que den aún más" (Juan 15:2, NTV, énfasis del autor).

Note que Jesús no dijo que poda *algunas* de las ramas que dan fruto. Más bien, Él recorta *cada* rama fructífera. La poda de Dios en mí no fue porque hice algo mal. Sentí el dolor abrasador de la poda de mis ramas porque hice algo *bien*: di fruto.

Así que antes de que pregunte: "¿Por qué yo?", puedo atreverme a preguntarle con respeto: "¿Por qué *no* usted?".

Así que antes de que pregunte: "¿Por qué yo?",
puedo atreverme a preguntarle con respeto:
"¿Por qué no usted?".

Dios le ha confirmado el final de una temporada de cosecha mientras se detiene ahora a mirar sus enredaderas que no tienen fruto. Hay otros que, como usted, pueden señalar su historia y gritar en voz alta al Padre: "¡He hecho todo bien!". Pero su comportamiento no lo hace inmune a las mismas heridas que recibe cualquier otra rama productiva. Mira a su alrededor a las otras enredaderas del campo y observa que ellas también han sufrido recortes a manos del Maestro. Usted forma parte de un grupo selecto de personas que han sido elegidas por el Labrador para ser podadas, porque ha hecho algo que otras ramas no han podido: *¡ha cumplido su propósito!*

El dolor de la poda pública

Cuando estamos siendo podados por el Maestro, Él, sin embargo, nos presenta una opción. Por un lado, estamos experimentando el trauma ineludible de que el Señor nos quite lo que pensamos que nos hace valiosos. Por otro lado, tenemos el deseo de obtener consuelo que utiliza el enemigo para alejarnos del futuro glorioso.

Jesús, también, tenía que elegir. Hizo su elección cuando enseñó una lección al enfrentar la religiosidad de los saduceos, fariseos y sus seguidores. Después de revelar el significado espiritual y la realidad del pan y el vino de la Pascua, muchos de sus propios seguidores lo rechazaron. El Jesús que realizó más de treinta milagros fue el mismo Jesús que comenzó a perder personas, simplemente porque Él cumplió su propósito. Cuando algunos de sus discípulos lo dejaron, Él se volvió hacia los doce y les preguntó: "¿También ustedes quieren marcharse?" (Juan 6:67).

Aun después de la cosecha de muchas almas que lo siguieron

y depositaron su fe en Él, el Maestro se encontró a sí mismo siendo podado por el Padre. La pregunta que Jesús le hizo a sus discípulos es la misma que Él nos pregunta a cada uno de nosotros. A medida que el Labrador se acerca con su tijera de podar, que predice la tristeza y lo sombrío de la temporada, tenemos una opción. Podemos permanecer en el proceso y ser eliminados a medida que Él nos perfecciona para que nos parezcamos más a Él, o podemos elegir nuestro consuelo inmediato y temporal y perder nuestro futuro.

Por favor, entienda, sé de primera mano que tal corte es horrible y espantoso, pero cuando estamos eligiendo entre permanecer finitos y volvernos infinitos, ¿no está clara la opción preferible? Somos los discípulos contemporáneos que debemos elegir aceptar la agonía ardiente que resulta de ser cortados por las tijeras de podar del Labrador o perdernos la alegría, la paz y la satisfacción que nos brinda cumplir el propósito para el cual nuestro Creador nos diseñó.

Somos los discípulos contemporáneos que debemos elegir aceptar la agonía ardiente que resulta de ser cortados por las tijeras de podar del Labrador o perdernos la alegría, la paz y la satisfacción que nos brinda cumplir el propósito para el cual nuestro Creador nos diseñó.

Entonces, ¿qué va a hacer cuando Él le pregunte: "¿También quieres marcharte?".

Si observa mi vida, ella le puede decir la elección que hice. Sí, el dolor fue terrible, y algunos días todavía me duele, pero le prometo que no ha habido un día en el que me pregunte si valió la pena. La poda no es un castigo; es el camino hacia el poder de Dios en su vida.

El fruto de ayer, el vino de mañana

Hay algo de lo que estoy seguro, y es que Dios me ama. He pasado por muchas cosas en mi vida y he visto cómo el Padre me ha cuidado, por lo que no puedo decir que Él no tiene su mano sobre mí. Apenas puedo hablar sobre cómo he visto a Dios moverse en mi vida sin que me sienta abrumado. Me doy cuenta de que algunas personas no se sienten así con respecto a Dios. Observan sus vidas y solo pueden ver la negatividad que los obliga a preguntar: "Si Dios me ama, ¿por qué la vida sigue lastimándome? ¿Por qué sigo perdiendo todo lo que es valioso?".

¿De verdad? ¿Lo que perdió es así de valioso?

En esta temporada, a esta edad, en esta etapa de su vida, los frutos que ha conservado se han eliminado, y está intentando desesperadamente detener el sangrado. Externamente, le han quitado sus bendiciones, pero los dolores externos que siente están acompañados por la agonía interna de lo que no puede reclamar. Pero, el Maestro no le ha dado valor a lo que nosotros tenemos. Mientras que anhelamos lo que se nos ha tomado, el Maestro está muy contento con lo que queda. ¿Podría ser que el Señor esconde la cosecha de la próxima temporada en lo que nos queda?

Su milagro nunca está en lo que perdió, está en lo que le quedó.

Si está a punto de comer, eso es todo lo que necesita. Si le quedan dos pescados y cinco panes, ¡eso es todo lo que necesita! Al igual que la viuda en el Antiguo Testamento (2 Reyes), puede que le quede un último recipiente de aceite, pero el Señor ha creado más capacidad para que pueda derramar, mejorar y aumentar lo que le queda. Por eso, el Señor quiere que comience a mirar lo que queda y deje de lamentarse por lo que perdió. Después de todo, si necesitara lo que el Maestro le quitó, ¿realmente cree que el Señor habría tratado de tomarlo?

Para donde Dios le está llevando, no necesita el peso ni el desecho del pan de ayer. El Maestro tiene un final esperado para su vida, y el viaje no requiere el equipaje adicional de las bendiciones de la temporada pasada. Si el Señor, con toda su sabiduría, le quitara lo que le pesaría durante la siguiente etapa de su viaje, ¿por qué buscaría maneras de recuperarlo? Al podarle, el Señor le está ayudando con cautela y precisión a que se adapte a su vida para que solo lleve lo que necesita a donde Él quiere que vaya, porque Él sabe que la bendición de la cosecha de la temporada pasada puede convertirse en una trampa y un cementerio para su futuro.

¿Está dispuesto a dejar atrás el fruto de ayer para poder abrazar el vino de la nueva temporada de mañana?

Les escribo a aquellos de ustedes que se encuentran asombrados por el daño que les hizo el Maestro que se atrevió a cortarlos. Aunque pareciera que todo lo que construyó le ha sido arrebatado, el Señor ha dejado estratégicamente un remanente que dará más frutos en la próxima temporada. Es el remanente lo más valioso para el Labrador, porque hay vida en lo que queda.

Aunque pareciera que todo lo que construyó le ha sido arrebatado, el Señor ha dejado estratégicamente un remanente que dará más frutos en la próxima temporada.

Es fácil entregarse y someterse a las mentiras de que nunca se levantará, de que nunca mejorará, de que nunca volverá a ver las bendiciones de Dios en su vida. Esas creencias surgen cuando perdemos de vista el hecho de que Dios ha *prometido* que seríamos podados. Es un hecho que cualquier líder, presidente ejecutivo, padre, maestro, mentor o persona de destino puede esperar. Habrá pérdida. Ante la poda que se ha prometido, olvidamos la afirmación que se encuentra dentro de su propósito: "…y poda las *ramas* que sí dan fruto, para que den aún más" (Juan 15:2, NTV, énfasis del autor).

La única razón por la que Él ha permitido que nos quiten lo que tenemos es porque nos ha prometido que Él es aún mejor para nosotros. Él nos quita las bendiciones de ayer para evitar nuestro aplazamiento del pasado a expensas del vino de nuestro futuro. Hasta el final, creo que Dios nunca permite que nada sea tomado y arrancado de nosotros, si Él no tenía algo mejor que poner de nuevo en su lugar.

Casi un año después, un Miguel diferente entró en mi oficina con una sonrisa tímida en su rostro. No todo en su vida había vuelto a la normalidad, pero estaba feliz. La ansiedad sobre el bienestar de su familia y su futuro desapareció, y fue reemplazada por un renovado sentido de propósito y destino. Apenas unos meses después de que el empleo de Miguel terminara, entró en el espíritu empresarial. Al reflexionar, ahora podía ver que su desempleo era la libertad que necesitaba para comenzar a hacer, en sus propios términos, lo que más le apasionaba. La poda que una vez lastimó a Miguel resultó ser una de las mejores cosas que le sucedieron.

La promesa de podar nunca debe traer dolor y angustia a nadie apegado a Cristo. Más bien, el enfoque de Dios con sus tijeras de podar debe inspirar confianza y alegría, porque estamos preparados para crecer y dar a luz algo aún mejor. Si hay alguna duda sobre el amor de Dios por usted, las bendiciones que Él le ha dado y su preparación para la próxima temporada son una prueba positiva de que el Labrador no solo le ama, sino que también hay frutos y vida después de la poda.

Si está siendo podado mientras lee este libro, si su corazón está dolido y su alma sufre, entonces solo le pido que confíe en Dios mientras Él le prepara para lo que se avecina. Él le ama y nunca le abandonará, ni dañará su bienestar final, incluso cuando la tajada de circunstancias devastadoras le afecte profundamente. Confíe en la capacidad de Dios para hacer lo imposible y sorprenderlo con su gozo, consolarlo con su paz y realizarlo con su propósito.

La poda no es un castigo, ¡es el comienzo de su mejor temporada hasta ahora!

CAPÍTULO 5

La sangre de la vid

*He descubierto la paradoja de que, si amamos hasta que
duele, no puede haber más dolor, solamente más amor.*

—*Madre Teresa*

Este último Día de la Independencia, mi esposa y yo celebramos la fiesta haciendo una barbacoa para nuestros hijos, nietos y parientes. Mientras los pequeños chapoteaban en la alberca al lado de una cascada pequeña y agradable en nuestro jardín, los adultos descansaban en sillas de mimbre cercanas. La luz del sol se filtraba entre las verdes y frondosas ramas de los muchos árboles de sombra que nos rodeaban mientras poníamos en la barbacoa hamburguesas, perritos calientes y costillas, y todas las guarniciones, como hacen muchas otras familias en nuestro país ese día.

Mientras todos charlaban y se relacionaban, dándose el lujo de otra ración de ensalada de papas, y saboreaban el tiempo que pasábamos juntos, yo estaba sentado y sonriendo, asimilando toda la escena. Di un sorbo a mi vaso de dulce té helado y di gracias en silencio por el privilegio de vivir en un país libre. Mi oración incluyó mi gratitud profunda y sincera por los millones de hombres y mujeres que sirven, protegen y defienden nuestro gran país, muchos de los cuales han sacrificado sus vidas.

Entonces, como una nube oscura que bloquea el sol de repente, una sombra cayó sobre mi corazón. Ese día celebrábamos la fundación de nuestros Estados Unidos de América y las muchas libertades establecidas por nuestros Padres y Madres Fundadores en nuestra Declaración de Independencia. Y sin embargo... esas libertades surgieron de un sistema social, cultural y económico dependiente de las espaldas de esclavos y usurpadas a los habitantes nativos originales de nuestra tierra. Esas libertades, por revolucionarias y bien intencionadas que fueran, no liberaron a todos sino solo a algunos.

Entonces, ¿por qué deberíamos celebrar? ¿Acaso el aroma de costillas ahumadas y la exuberancia de niños saltando a las albercas anestesió nuestra capacidad de recordar el sufrimiento de otros, de quienes no son libres?

Aquella noche, mientras se oían nuestras exclamaciones al mirar la lluvia de fuegos artificiales de colores rojo, blanco y azul, no pude sacudirme la sensación de que no deberíamos estar celebrando mientras tantas personas seguían batallando, sufriendo y esforzándose hacia conseguir libertades que muchos de nosotros damos por hechas. Personas encarceladas sin esperanza de rehabilitación o restauración. Personas que se recuperan de heridas continuadas debido al color de su piel. Personas que entierran a seres queridos debido a los rápidos prejuicios de quienes los rodean.

Nosotros celebramos mientras ellos sufren. Demasiadas veces, quienes celebran olvidan con frecuencia a quienes sufren, pero ¿podemos celebrar verdaderamente la libertad si incluso una persona sigue esclavizada por el prejuicio, el racismo, el sexismo, la pobreza, o la falta de oportunidad en la búsqueda de la felicidad?

Mi corazón se dolió aquel día mientras recordaba algo que dijo Martin Luther King Jr.: que nadie es libre hasta que todos somos libres. Celebramos a nuestra gran nación y sus muchas libertades cada Día de la Independencia, pero no debemos pasar por alto a aquellos cuyas almas gritan en silencio lamentando la injusticia, apatía, indignidad e indiferencia que enfrentan cada día en estos mismos cincuenta estados. Estamos entretejidos como un solo país, pero amenazamos con descoser las costuras si no confiamos y dependemos unos de otros mientras el hilo de la libertad compartida nos mantiene unidos a todos.

Esta consciencia se trata de mucho más que un día del año. El sufrimiento del inocente es inherente a la adquisición de libertad. Recordar a quienes aún sufrieron bajo la independencia merece algo más que una negativa a celebrar, aunque sé que algunos deciden negar la fecha e ignorar la festividad. Pero yo sentí que era un momento de enseñanza para mi familia y amigos, que como nosotros somos el jugo del aplastamiento de nuestros ancestros, entonces debemos asegurar que su estatus de sufridores en 1776 no fuera el fin de la historia. Sí, finalmente se abolió la esclavitud y Jim Crow* recibió un furioso golpe. Pero incluso hasta la fecha, aún queda mucho por hacer.

Celebrar o no celebrar una fiesta no es el fruto de esas atrocidades audaces del pasado. La libertad es algo más que

---

* Jim Crow era el nombre del sistema de segregación racial impuesto en los estados del sur a finales del siglo xix y principios del xx. (Nota del traductor)

el mantenimiento o la eliminación de una estatua. La libertad es la inclusión completa de oportunidad y la reforma total de cualquier desequilibrio sistémico residual para así nivelar el campo de juego de la desventaja que ha existido durante generaciones. Desde calles marginales a desfiles provincianos, desde reservas a clubes de campo, debemos permitir que la libertad resuene por cada pasillo de este gran país. Todos nosotros debemos luchar cada día por liberación y justicia para las hijas y los hijos de los esclavos, los nativos americanos, y todos los demás que pagaron un alto precio por la libertad de otros.

No solo algunos sino *todos*.

El sufrimiento nunca debería ser desperdiciado.

La sangre derramada es siempre redentora.

El quebrantamiento no es el fin.

El quebrantamiento no es el fin.

Sufrimiento compartido

Comparto estas reflexiones no para avivar sentimientos de dolor, culpabilidad, enojo o vergüenza. Este no es el momento para argumentar sobre quién es culpable, para defenderse uno mismo y señalar con el dedo a otra persona. Ahora no es el momento para pronunciamientos de lo que es correcto e incorrecto, no mientras otros siguen sufriendo. Ahora es el momento para recuperar a quienes han sido quebrantados y para recuperar nuestra humanidad dentro de nuestro propio quebrantamiento.

Recuerdo un incidente que sucedió hace años cuando yo era un joven que vivía en West Virginia. Al conducir un día en las colinas por los caminos secundarios, llegué a una curva y vi un auto que se había estrellado contra un árbol al lado de la carretera. Me acerqué y fui rápidamente al vehículo; allí vi al conductor, sangrando por la cabeza, de pie al lado de su vehículo arrugado con el parabrisas roto. Al no estar seguro de qué hacer en primer lugar, dije: "¿Debería llamar a la policía?".

"No", dijo el hombre. "¡Llame a una ambulancia!".

Lo mismo es cierto hoy día. Nuestra compasión se ha estrellado cuando hay tantas personas en hospitales, residencias de ancianos, cárceles, clínicas de rehabilitación y reservas que se sienten enterradas vivas. Sufriendo en soledad, tienen la sensación de que otros no pueden molestarse en hacer una pausa en medio de sus celebraciones para recordarlos a ellos y sus batallas físicas, mentales, emocionales, sociales y económicas.

Al regresar a mi estado natal de West Virginia recientemente, me sorprendió que un lugar tan conservador y orientado a la comunidad se hubiera convertido en líder en la epidemia opioide que ahora arrasa nuestro país. ¿Quién iba a saber que las cajeras de supermercados y los maestros de escuela iban a ser adictos? ¿Cuándo cayeron los electricistas y plomeros en los tentáculos mortales de la adicción? ¿Por qué nadie notó sus gritos silenciosos? ¿Por qué somos tan lentos para acercarnos al dolor de otro? ¿Es que quienes sufren se comunican en una frecuencia que nosotros simplemente no podemos oír? ¿O ignoramos la cacofonía de dolor que resuena en nuestras vidas cada día?

Incluso peor que no escuchar el sufrimiento de quienes nos rodean es ser sordos al tono. Oímos, pero en lugar de apresurarnos a ayudar, juzgamos, criticamos y condenamos. Recuerdo ver un día una entrevista de Oprah a una consejera en su programa. Mientras dialogaban sobre el modo en que tendemos a ignorar el sufrimiento de otras personas, esa experta dijo algo profundo que aún me persigue. Dijo que los seres humanos somos mucho mejores para infligir dolor que para soportar dolor. Preferimos herir a otros, incluso a quienes ya están sufriendo, que sentir el dolor nosotros mismos.

La realidad, sin embargo, es que todos sufrimos. Todos sufrimos al perder a nuestros hijos porque se meten en pandillas, en drogas en la calle, en adicciones que no entendemos. Todos sufrimos las indignidades de envejecer con la enfermedad de Alzheimer, cáncer y encarcelamiento. Todos sufrimos la montaña rusa económica de tener menos dinero y más facturas que pagar. Todos sufrimos la dislocación de nuestros sueños y la explosión que Langston Hughes describió de modo tan brillante cuando nuestros sueños se demoran una, y otra, y otra vez.

Todos somos quebrantados por los mismos golpes de la vida.

Pero no todo el mundo permite que ese quebrantamiento le destruya.

Algunos descubren el secreto de sacar vino del jugo que queda.

Algunos descubren el secreto de sacar vino del jugo que queda.

Saben que la sangre de la vid se convierte en el fruto de la copa.

Poder en la sangre

Hace varias semanas atrás visite a mi médico para que me hiciera mi chequeo anual. Mientras estaba allí, una de las enfermeras asistentes me sacó sangre para realizar los análisis acostumbrados en busca de enfermedades y otros males. Los profesionales médicos necesitan una muestra de sangre para poder ver lo que no pueden ver a simple vista. La sangre les dice casi todo lo que necesitan saber para poder entender lo que está funcionando y no está funcionando dentro del cuerpo humano.

De modo similar, los expertos en el sistema judicial utilizan análisis de sangre para determinar información vital necesaria para resolver delitos. Los analistas de restos de sangre trabajan en departamentos forenses y visitan la escena del crimen para determinar exactamente lo que le sucedió a una víctima y al delincuente examinando cómo y dónde cayó la sangre en el lugar. De manera parecida, los oficiales de la ley y los forenses emparejan sangre de la escena del crimen con el ADN que tienen en los archivos para identificar a los culpables. Y contrariamente, la sangre recogida hace años atrás continúa exonerando a individuos que fueron encarcelados injustamente.

Parece, entonces, además de cómo el cuerpo utiliza y produce sangre, que también actúa como un agente de testimonio de acciones que otros no han visto. Igual que observamos en los crímenes, la sangre puede actuar como un hilo que une a los individuos con cierto acto. Sin importar el tiempo que haya pasado, cada persona implicada en el crimen es vinculada a la sangre que fue derramada. Si podemos determinar quién estaba presente en una escena de asesinato semanas, meses e incluso años después mediante la sangre que testifica de la identidad de su dueño, entonces la sangre se convierte en un testigo del pasado mediante su existencia en el presente.

Si comparamos las palabras *testificar* y *testamento*, las dos tienen la misma raíz latina, *testi*, que significa literalmente "testigo". En la Biblia vemos este significado unido al énfasis que Dios parece poner en la importancia de la sangre. Una y otra vez la sangre se convierte en una manera de infundir vida, comunicar, revelar, proteger, sellar, expiar y salvar. Por ejemplo, en el Huerto del Edén, cuando Dios ve que no es bueno que el hombre esté solo, el Señor crea a la mujer de parte del cuerpo de Adán. Cuando Adán entonces afirma: "Esta sí es un hueso de mis huesos y carne de mi carne. Se llamará 'mujer' porque del hombre fue sacada" (Génesis 2:23), está hablando literalmente y también figuradamente.

Los hijos de Adán y Eva también descubren el poder de la sangre. Abel, al haber llevado un sacrificio aceptable delante del Señor, y Caín, ofreciendo otro considerado inaceptable ante los ojos de Dios, chocaron cuando los celos de Caín hacia su propio hermano le condujeron a asesinar a Abel. La respuesta de Dios a Caín es reveladora: "¡Qué has hecho!... Desde la tierra, la sangre de tu hermano reclama justicia" (Génesis 4:10). La sangre de la víctima habla, clamando por justicia incluso después de que su vida ha finalizado.

En Éxodo, cuando el pueblo de Israel batallaba para dejar atrás la esclavitud de Egipto, vemos que rociar con sangre los postes de las puertas hebreas salvó a los habitantes de la casa de la ira del Ángel de la muerte. La sangre de corderos sacrificados derramada en los altares en el templo se convirtió en el medio de expiación para los pecados de la gente antes de la muerte de Cristo en la cruz. El contraste entre estas dos cosas es importante porque una era temporal (el derramamiento de sangre de animales para el sacrificio de ese momento) y la otra era eterna, pues la sangre derramada de Jesús y su resurrección derrotaron para siempre al pecado y a la muerte.

Con la Biblia dividida en el Antiguo y el Nuevo Testamento, Dios revela la importancia de la sangre en ambos casos, pero transforma su significado en la transición de un sacrificio a otro. En el Antiguo Testamento, animales inocentes derramaban sangre para cubrir el pecado humano. El Nuevo Testamento, sin embargo, habla de la sangre derramada por un Salvador perfecto para el pecado de *toda* la humanidad.

Si profundizamos aún más, el Antiguo Testamento da testimonio de la caída de la humanidad debido al pecado que es transmitido de generación a generación mediante la sangre. Por el contrario, el Nuevo Testamento testifica de la redención de la humanidad mediante la sangre eterna de Cristo que es transmitida de persona a persona mediante la aceptación de su sacrificio realizado por ellos.

Consumado es

Vemos que este patrón se repite regularmente como algo del Antiguo Testamento que es transformado en significado y redimido en propósito cuando aparece en el Nuevo Testamento. Adán dando nacimiento a Eva, su novia y esposa, no es la primera de tales transformaciones; porque la Escritura establece la distinción entre un primer Adán y un segundo Adán. Viendo que todo en el Antiguo Testamento es un tipo y una sombra de la realidad que vemos en el Nuevo Testamento, tiene lógica que la sombra de Adán dando nacimiento a su esposa en el

Antiguo Testamento tuviera un cumplimiento más brillante y más radiante en el Nuevo Testamento.

Esta asombrosa revelación es la encarnación: Dios enviando a su único Hijo, Jesús, para nacer de una virgen en una diminuta aldea llamada Belén. Jesús se convirtió en el segundo Adán que entregó su propia carne y sangre para que su esposa, la Iglesia, pudiera emerger como el cuerpo de Cristo. Pero este proceso de nacimiento fue un asunto sangriento y brutal. No podemos celebrar la resurrección sin quedarnos también en el quebrantamiento de Cristo en la cruz. Y Jesús fue quebrantado en todos los aspectos: golpeado físicamente, aislado emocionalmente y abandonado espiritualmente.

No podemos celebrar la resurrección sin quedarnos también en el quebrantamiento de Cristo en la cruz. Y Jesús fue quebrantado en todos los aspectos: golpeado físicamente, aislado emocionalmente y abandonado espiritualmente.

Colgado allí para que todos lo vieran, Cristo probablemente no tenía aspecto humano, y menos aún era reconocible para su madre y sus discípulos que lloraban a los pies de la cruz por debajo de Él. Sus entrañas se le salían por el abdomen, y los soldados habían puesto por encima de su cabeza un cartel que leía REY DE LOS JUDÍOS para añadir insulto a la herida adicional de la corona de espinas clavada en su frente. Su cuerpo fue golpeado hasta dejarlo irreconocible, y la sangre que salía de cada perforación en su anatomía lo cubría con una sombra profunda de color escarlata. Su imagen debió de haber sido mucho más que terrible. Horrible. Espantosa.

En la cima del Gólgota, lo único que sostenía a su madre, María, que estaba a metros de la escena miserablemente horrible de su cuerpo quebrantado, no era otra cosa sino el mero amor de una madre por su hijo. Al lado de María estaba otra María que amaba a su Salvador: María Magdalena. Y a centímetros de la madre de Jesús estaba Juan, el discípulo al que el Maestro amaba mucho. A poca distancia, los soldados asignados a hacer guardia de la escena se burlaban y echaban a suertes su ropa.

Reunidos en torno al lugar de ejecución estaban aquellos que no vislumbraron la cruz más allá de sus leyes, política y cultura. Muchos seguían comprando, reparando calzado y poniendo piedras mientras Jesús colgaba tembloroso en una cruz. Esta tensión dicotómica entre quienes se alegraban y quienes lloraban se ve en la cruz, donde María llora mientras los soldados se ríen y bromean. Ser inconscientes del dolor de ella nos recuerda una vez más que la perspectiva puede crear una insensibilidad a la escena más amplia de los demás.

Nunca podemos celebrar sin incluir el quebrantamiento.

Que Jesús hubiera llegado tan lejos fue un milagro por sí solo. Un dolor insoportable recorría cada centímetro de su cuerpo. La comodidad estaba destinada diabólicamente para ser mucho más que tortuosa. Cuando los clavos en sus manos eran demasiado para poder soportar, su cuerpo cambiaba el peso a sus piernas y pies, causando más agonía aún debido a los clavos que también tenía en sus tobillos.

Cuando el peso sobre sus pies se cobró su precio, Cristo se habría empujado hacia arriba con sus manos clavadas. Sin manera alguna de escapar al dolor, soportó una hipoxia cada vez mayor que hacía que cada respiración fuera más complicada que la anterior. Su falta de sangre era tan grave, que cada uno de sus órganos que fallaba rápidamente reclamaba oxígeno. En esencia, Jesús se estaba ahogando como resultado de su trauma corporal generalizado.

Con las últimas fuerzas de una última respiración, Jesús gritó: "*¡Consumado…es!*".

Cuando la oscuridad desciende

Los Evangelios de Mateo, Marcos y Lucas dan testimonio de que una oscuridad cayó sobre Jerusalén en el momento de la muerte de Jesús, y que esa oscuridad permaneció durante un periodo de tres horas. Algunos han intentado desprestigiar los relatos de estos tres discípulos atribuyendo esa oscuridad a algún fenómeno natural, como un eclipse solar o el mal tiempo. Considerando cuál es mi postura sobre el relato bíblico, sin quitar nada de él y sin añadirle nada, soy guiado a creer que hubo en juego algo más que condujo a los cielos a no dar luz en ese momento. Porque el Dios que decidió expresar esta oscuridad registrada es el mismo que controla la atmósfera y la rotación de la tierra que Él creó.

Entonces, ¿por qué la oscuridad de esas tres horas? ¿Y por qué llevarlo a nuestra atención?

He tenido que consolar a muchos padres y madres que han perdido prematuramente a sus hijos. No puedo imaginar, y decido no hacerlo, una ocasión en que yo tuviera que pronunciar una elegía para mis hijos o hijas y después enterrarlos. Es una pesadilla que no considero. Sin embargo, es la que otros han tenido la mala fortuna de sufrir. He visto su desesperación, he oído sus lamentos, he asistido a los funerales, y he tenido que aconsejarlos en medio de la depresión resultante y los pensamientos suicidas. Digo eso para establecer el trabajo preliminar para nuestra comprensión del estado emocional de cualquier padre o madre que haya perdido un hijo. Quizá le ha sucedido a usted. Si es así, conoce íntimamente el dolor asociado con algo tan trágico.

Si nuestras emociones nos han sido dadas por nuestro Creador, deben estar modeladas según sus propias emociones. Después de todo, conocemos al Dios que ríe; Él experimenta alegría, tristeza y enojo. La única diferencia entre sus emociones y las nuestras que podemos entender plenamente es que las suyas son puras y no han sido corrompidas por la mancha del pecado. Tras haber dicho eso, ¿acaso no es lógico que Él experimentara sus emociones a un nivel que sobrepasa con mucha diferencia el de las nuestras? Por lo tanto, su tristeza ante la vista de su Hijo muriendo y convirtiéndose en la representación de la maldad que tanto había infectado el corazón humano, debió de haberle roto el corazón al Padre. Además de eso, el Padre tuvo que dar la espalda al pecado que Cristo personificaba entonces porque justicia e injusticia no tienen parte entre sí.

Si nuestras emociones nos han sido dadas por nuestro Creador, deben estar modeladas según sus propias emociones.

El Padre abandonó al Hijo que tanto amaba para que Él pudiera ser reconectado a nosotros.

Con la tristeza sentida por el Todopoderoso y su conexión con cada aspecto de la creación, no creo que sea exagerado decir que toda la naturaleza reaccionó a la muerte del Hijo glorioso. El oscurecimiento del sol podría considerarse un reflejo del llanto del Maestro no solo ante lo que su Hijo llegó a ser por nosotros; también propongo que Él lloró ante el hecho de que tan pocas personas de su propio pueblo lo recibieron. Que el sol se negara a brillar nos dio una evidencia tangible de que la luz en los ojos de Dios se había apagado temporalmente. Ah, sí. Desde luego que el sacrificio de Jesús y su resurrección trastornaron el mundo entero y condujeron a la cosecha de miles de millones de almas durante el resto de la historia de la humanidad. Pero en ese momento, el Maestro, en su naturaleza eterna, se dolió por la muerte de su Hijo amado.

Sin embargo, estaba sucediendo también una cosa más en su muerte.

Jesús entrego el espíritu, queriendo decir que su alma había abandonado su cuerpo mortal. Aunque su cuerpo fue puesto poco después en un sepulcro, su espíritu eterno ya estaba obrando en lo sobrenatural. Recorriendo el tiempo hacia adelante y hacia atrás para acarrear cada pecado que la humanidad cometió, Jesús había tomado sobre sí mismo el castigo y la muerte que nosotros merecíamos. Al entrar en el sepulcro y conquistarlo en nombre de todo aquel que lo recibiera a Él, pasado, presente y futuro, Cristo obligó al sepulcro a entregar sus primicias de aquellos santos que nos habían precedido como un testamento de su obra.

Solamente el registro que hace el Evangelio de Mateo habla de que se abrieron sepulcros y de la aparición de santos que habían muerto y que caminaban por Jerusalén. He visto a muchos pastores y maestros pasar por alto este hecho por temor a cómo poder explicar este fenómeno, pero yo me aferro a la idea de que la presencia de Jesús en el sepulcro en nombre de la humanidad manchada por el pecado no solo obligó al sepulcro a liberar de sus garras a algunos de los fieles, sino también a sacudir la tierra misma.

Después de todo, estaba naciendo un nuevo tipo de hombre, algo que era la personificación de la reconexión de Dios con su atesorada creación. En conjunto con su tristeza, cayó la oscuridad y se sacudieron los cimientos del planeta. Sin embargo, ¿y si consideráramos el terremoto acompañante como el movimiento y el empuje de un vientre que batallaba por dar nacimiento a la novedad situada en él por la simiente de la muerte sacrificial de Jesús?

Recordemos que Jesús sufrió por nosotros y descendió al sepulcro para que nosotros pudiéramos ascender otra vez a nuestra posición de justicia en Dios. Él rompió los grilletes que nos ataban al pecado y la muerte y, como resultado, el sepulcro tuvo que liberar de sus garras a los fieles que vivieron antes de que Cristo llegara. De ahí el terremoto. Después de que Jesús ascendió, también lo hicieron ellos. La sacudida de la tierra firme no fue solo una reacción al tumulto emocional del Maestro. No, tuvo que haber sido el empuje de los primeros frutos de la nueva creación producidos por la simiente de un Salvador sacrificial. Igual que un bebé corona cuando su cabeza aparece y está a punto de salir del vientre, así también surgieron los primeros frutos.

¡Sin quebrantamiento no habría coronación!

¡Sin quebrantamiento no habría coronación!

Coronación desde el quebrantamiento

Hay cosas en su vida que usted ha puesto en la tierra porque las ha catalogado como muertas. Ha decretado que no tienen vida y propósito. Quizá se ha alejado de un matrimonio o incluso le ha dicho adiós a su relación con Dios. Como su tristeza sigue siendo tangible, una espesa oscuridad rodea ahora su corazón, y usted es lento para regresar a su sepulcro debido al dolor que una vez sintió. Ese trauma causó una sacudida tremenda en cada aspecto de su vida, y usted ha prometido nunca volver a esperar, nunca volver a soñar, nunca volver a amar, y nunca volver a aceptar que la vida podría ser mejor.

Pero el hecho de que surgió vida del sepulcro como respuesta a la muerte de Jesús sugiere que lo que usted ha enterrado sigue teniendo propósito. Sin embargo, esta verdad le resulta difícil de aceptar porque batalla para entender que su aspecto es bastante distinto de como antes lo veía. Antes corrompido por el esfuerzo humano y el pecado, ha regresado envuelto en la gloria de un Salvador que desea que usted dé media vuelta y vea la vida que ahora habita en ello.

Cualquiera que pueda ser su pasión (su sueño, familia, iglesia, negocio, libro), Jesús no murió para salvarlo solamente a usted. Su muerte fue para cada parte de usted a la que ha renunciado. Mire otra vez. Con el Maestro, está siendo renacida cuando Él sale de su sepulcro con todo el poder en sus manos. Igual que los santos resucitados que caminaron por las calles de Jerusalén el día de la muerte de Jesús eran la "coronación" del nacimiento que produciría su resurrección, eso que usted ha enterrado está coronando.

La sacudida familiar que siente no surge de una tristeza que usted no puede olvidar. Por el contrario, viene del nacimiento que está teniendo lugar en su vida. Recuerde que las semillas finalmente echan raíces y surgen desde el suelo en el cual antes estaban atrapadas. Ese surgimiento, entonces, es la salida que ha causado la inestabilidad en su vida. No tenga temor. No es una repetición de sus días más oscuros. La sacudida que está sintiendo es el amanecer de un nuevo yo que está surgiendo entre el velo del sufrimiento y la muerte de Cristo para convertirse en algo mucho más gozoso y grandioso.

El aplastamiento de la uva no solo extrae el jugo de la carne, sino que también separa del jugo las partes que no son utilizables.

¿Ha visto lo que les sucede a los racimos de uvas que cuelgan demasiado de la rama? Finalmente, el tallo que los conecta se seca y pierde fuerza suficiente para soportar el peso del fruto. Como resultado, las uvas caen al suelo para pudrirse, fermentar y ser consumidas por insectos, sin cumplir nunca su pleno potencial. Es esta existencia cortada de la que el Labrador se ha esforzado por salvarnos a fin de mostrarnos quiénes somos en realidad.

El fruto suculento que se cae al suelo y no llega a ser nada se parece a malgastar una vida humana que nunca maduró para llegar a ser algo mayor que su forma original. Como resultado, es como si el fruto nunca hubiera existido. Si usted decide quedarse en el fruto que ya se ha caído y se ha dañado, entonces se perderá el poder permitirle a Dios redimir ese fruto conectándolo a su vid. ¡Y es decisión suya! A menudo, usted no escoge los eventos dolorosos que interrumpen su vida, pero siempre escoge cómo responderá.

Si usted decide quedarse en el fruto que ya se ha caído y se ha dañado, entonces se perderá el poder permitirle a Dios redimir ese fruto conectándolo a su vid.

Usted decide lo que hará con su quebrantamiento.

Puede ignorar el sufrimiento y negar la desesperación, e intentar celebrar. También puede resignarse al abatimiento que amarga cuando el quebrantamiento parece no tener ningún propósito. O puede decidir entrar en la tensión entre celebrar y sufrir que requiere el quebrantamiento. La decisión es suya.

CAPÍTULO 6

El precio del quebrantamiento

El carácter no puede desarrollarse en tranquilidad y quietud. Solamente mediante la experiencia de la prueba y el sufrimiento el alma puede ser fortalecida, la ambición inspirada, y el éxito alcanzado.

—Helen Keller

Recuerdo el momento preciso en que recibí palabra del Maestro de que tenía que hablar y predicar para Él. Si cree que vi un arco iris, halos y un coro de ángeles cantando cuando yo recibí agradecido el llamado del Señor sobre mi vida, por favor, ¡vuelva a pensarlo! Con todas mis fuerzas, hui de ello. Si piensa que Jonás huyó de su llamado, se habría quedado asombrado por cuán rápidamente evité yo mi tarea.

Simplemente no tenía sentido. Cuando Dios me dijo que sería usado para proclamar su Palabra infalible al mundo, mi historia personal inundó inmediatamente mi mente. No había manera alguna de que Dios tuviera al hombre adecuado. ¿Cómo podía Él escoger a alguien que tenía una historia tan arañada y marcada? Si Dios es santo y perfecto, que lo es, entonces seguramente debió haber algún error para que Él me escogiera a mí.

Al mirar atrás, sin embargo, ahora veo que Dios, en su infinita sabiduría y amor, sabía exactamente lo que estaba haciendo. Durante la escritura de este libro celebré mi sesenta cumpleaños, y ahora con más de cuarenta años en el ministerio, veo que el plan de Dios muchas veces prospera en las vidas de quienes no parecen los adecuados para el llamado.

Al mirar atrás, sin embargo, ahora veo que Dios, en su infinita sabiduría y amor, sabía exactamente lo que estaba haciendo.

Pero había algo más en juego en mi resistencia a la tarea de Dios para mi vida. No solo pensaba que yo no era digno de lo que Dios me estaba llamando a hacer, sino que, con toda sinceridad, ¡no lo quería! Quizá le sorprenda que admita eso, y no sería usted la primera persona. Se produce un silencio por todo el santuario en The Potter's House siempre que revelo esto un domingo en la mañana, y la mayoría de ellos me han oído mencionarlo antes.

Supongo que sus gritos ahogados resultan por tener una idea preconcebida acerca de que los pastores *quieren* predicar. No estoy diciendo que sea erróneo que alguien desee ser utilizado por Dios. Cuando miro atrás a los años de ministerio que tengo a mis espaldas y veo todo el infierno que he sufrido, sin embargo, le estaría mintiendo si le dijera que no estuve cerca de tirar la toalla en numerosas ocasiones.

No se equivoque; amo y valoro *todo* lo que Dios ha hecho en mi vida, y todo lo que sigue haciendo. Sin embargo, si el Señor me hubiera permitido ver el futuro cuando me llamó, dándome una vista profética de águila de todo lo que llegaría a mi camino, yo habría seguido huyendo. Me habría aterrado ante lo que se requeriría de mí en los momentos de quebrantamiento que llegarían. Mi huida continuada habría sido mi primera respuesta, porque la magnitud de nuestro destino con frecuencia confunde a nuestra inmadurez presente.

Dios no nos soltará

¿Por qué escogería Dios a un muchacho de campo en las colinas de West Virginia para predicar para Él cuando había muchos otros candidatos que, desde mi punto de vista, eran mejores opciones? Como Moisés, yo planteé todo tipo de excusas: no sabía hablar delante de multitudes. No me gustaba estar cerca de muchas personas a la misma vez. Tenía un impedimento en el habla. Mi pasado era demasiado sucio. *¿Qué bueno podría salir de West Virginia?* Cualquier cosa que venía a mi mente la lanzaba a Dios como si Él me escuchara y me dijera: "¿Sabes qué? ¡Tienes razón! Esta vez me equivoqué. Encontraré a otro. Lo siento, Thomas".

Cuando pienso en ello ahora, sin embargo, me pregunto ¡cómo pude haber sido tan loco como para suponer que yo sabía más que el Labrador que me cultivó! El Maestro tomó en cuenta todo cuando me escogió. Él consideró mi pasado, por feo que fuera, y todo lo que yo haría en el futuro. Él vio todas mis inseguridades y tendencias; sabía precisamente dónde y cómo cometería no solo pecados de ignorancia sino también las veces en que pecaría contra Él *a sabiendas*. Yo hice todo lo posible para convencerlo y descalificarme a mí mismo de su voluntad para mi vida. Mientras más protestaba, más me afirmaba Él su llamado. Mientras más corría, más rápidamente me seguía Él. Mientras más evitaba su empuje en mi vida, con más vehemencia me señalaba Él. Mientras más me ocultaba, más se concentraban sus ojos en mí. ¡Dios simplemente no me iba a soltar!

Yo tenía diecinueve años, estaba entrando en lo mejor de mi vida, y Dios interrumpió todo lo que yo había planeado. Al comenzar mi ministerio, yo era tan joven que otros ministros y predicadores me llamaban "el muchacho pastor", que no era exactamente lo que yo tenía en mente. Esa no era la dirección por la cual yo quería viajar. Arrebatado del camino que yo había establecido para mi vida, el de un joven hombre de negocios y emprendedor, me encontré en la cesta del Labrador siendo alejado de todo lo que me resultaba familiar para que Él pudiera cumplir lo que había puesto en mí. Pero yo quería una vida normal, una vida mejor por la que mis padres habían trabajado muy duro para que mis hermanos y yo pudiéramos tenerla. Y no podía imaginar arreglármelas como pastor para estar en consonancia con lo que sus esfuerzos habían producido, y menos aún mejorar.

Pero cómo puede una uva decir al Labrador: "¡No quiero ser utilizada para hacer vino!".

¿Cómo podría la arcilla protestar alguna vez ante el Alfarero sobre para qué fue hecha?

¿Cómo podría la arcilla protestar alguna vez
ante el Alfarero sobre para qué fue hecha?

Sin tener en cuenta lo que usted haga, cuando el Maestro

le ha escogido, no hay modo de escapar de su mano. Cuando sus ojos descansan sobre usted en medio de los campos de la humanidad, nunca podrá ocultarse. Aún puede decidir, pues Dios es siempre tan amable como persistente, pero quizá tenga la sensación de que nunca tendrá paz hasta que se rinda.

Al mirar atrás, ahora entiendo que la única razón por la que yo no quería lo que Dios tenía para mí era que la alternativa, a cambio de todos mis sueños de ser un gran emprendedor, era igualmente sombría. No creo que hubiera alguna otra cosa mejor para mí. Como Israel, me contentaba con las uvas de la mediocridad, inconsciente del impacto de empoderamiento que tendría el quebrantamiento en mi vida.

Propósito en el patrón

Mi dilema no era nada nuevo. Los hijos de Israel también se encontraron escogidos para algo que no llegaban a entender cuando lo único que querían era tener una vida normal. Igual que yo había sido arrancado por el Labrador para su proceso de hacer vino, el pueblo hebreo, esclavo en Egipto durante generaciones, había estado esperando que Dios los liberara. Desde mi punto de vista aventajado, veo que todo el tiempo que estuvieron en Egipto estaban meramente creciendo. Entonces, en su escapada, Dios los envía a cruzar el Mar Rojo, donde ahoga a quienes habían oprimido a sus hijos.

Después de haber sido arrebatados de las manos de sus opresores y haber atravesado el Mar Rojo, Dios los llevó al desierto y le dijo a Moisés que construyera el primer tabernáculo que sería levantado para Dios y para su uso. La instrucción de Dios no era general sino bastante específica, pues Él deseaba que Moisés lo construyera según el patrón que el Señor le dio (ver Éxodo 25:40). Ahora bien, si hay un patrón, debemos reconocer que su cumplimiento se apoya en la realidad de aquello sobre lo que se basa el patrón. En otras palabras, Dios tenía en mente algo especial con este plano que Él proporcionó para su casa donde su pueblo lo adoraría. Por lo tanto, cuando vemos el patrón para el tabernáculo de Moisés, llamado también la tienda de reunión, prestemos mucha atención a tres secciones distintas: el atrio exterior, el atrio interior o Lugar Santo, y el Lugar Santísimo. Se parecía a esto:

Cualquiera de las doce tribus de Israel podía entrar en el atrio exterior del tabernáculo para llevar sus sacrificios, pero solo los sacerdotes podían pasar de ese punto. El punto de acceso al tabernáculo estaba en el lado oriental, con solo un punto de entrada: una puerta; una puerta llamada la puerta del atrio, por la cual cualquiera podía entrar. Dios siempre permite que todos tengan acceso a Él, y no era distinto en el diseño del tabernáculo donde Él habitaría.

Dios siempre permite que todos tengan acceso a Él, y no era distinto en el diseño del tabernáculo donde Él habitaría.

Aunque básicamente cualquiera podía entrar en este Lugar Santo, después de entrar en el atrio exterior, sin embargo, se esperaba de *cada* adorador que hiciera un sacrificio. En palabras sencillas, Dios es santo y perfecto, y los seres humanos somos pecadores e imperfectos. No podemos acercarnos a Dios sin tener algún modo de expiar nuestros pecados y experimentar su poder santo. En ese tiempo, antes del sacrificio de Jesús, el Cordero de Dios, las personas llevaban un animal, por lo general un cordero sin defecto, para ofrecerlo a Dios.

De ninguna manera podía escaparse de la mente de nadie esta expectativa de hacer un sacrificio, porque el mueble más grande que había en todo el tabernáculo se lo recordaba rápidamente. Delante de ellos, justo después de la entrada, con un fuego rugiente que emanaba de él, estaba el altar de bronce. Este dramático altar demandaba un sacrificio, y cualquiera que deseara una audiencia con Dios no podía llegar con las manos vacías. Los sacerdotes se encontraban con cada individuo desde el momento mismo en que entraban al tabernáculo y recogían los sacrificios y los situaban sobre el altar para ser quemados.

A varios pasos de distancia había otro mueble llamado el lavacro de bronce, una pileta hecha del bronce de los espejos utilizados por las mujeres de los hijos de Israel. Esta pileta contenía el agua que usaban los sacerdotes para lavarse antes de proceder a entrar más dentro en el tabernáculo, después de haber realizado los sacrificios. Los sacerdotes del templo tenían que purificarse ellos mismos para poder recibir sacrificios en nombre de Dios e impartir su perdón y bendición sobre su pueblo. Pero estas dos características clave del lavacro de bronce (espejos y agua) no eran solamente para los sacerdotes del tabernáculo. También simbolizaban el autoexamen y la limpieza requeridos cuando respondemos al llamado de Dios y acudimos ante Él.

Reflejo y limpieza

Sin entrar en un estudio muy amplio de todo el tabernáculo, lo cual requiere un libro completo, encontramos demasiadas similitudes con hacer vino aquí en el atrio exterior, y no puedo resistirme. Veamos que lo primero que Dios hizo con los hijos de Israel después de salir de Egipto fue liberarlos de lo que los había esclavizado ahogando a los egipcios en el Mar Rojo. En efecto, Dios estaba limpiando a Israel de todo lo que los había manchado por tanto tiempo. Ya había salvado de la muerte a Israel permitiendo que un animal inocente ocupara el lugar de cada persona que decidió situarse bajo su protección y hacer un pacto con Él. La marca los apartaba de los egipcios, que sufrieron la muerte sin la sangre sacrificial que los cubriera, y protegió cada casa hebrea.

Primero fue el quebrantamiento del animal inocente. Cubiertos de sangre, por así decirlo, huyeron al desierto con el ejército del faraón persiguiéndolos. Entonces, cuando Israel llegó al Mar Rojo, Dios abrió un camino entre paredes de agua que se erigían a cada lado de ellos. Israel atravesó el agua y llegaron sanos y salvos al otro lado, pero los egipcios que los perseguían no lo lograron.

Podríamos preguntarnos por qué uno sí y el otro no. Los egipcios no estaban en pacto con Dios, nunca sacrificaron un cordero para estar en ese pacto, y nunca reconocieron al Todopoderoso como el único Dios. Si hubieran hecho esas tres cosas y hubieran acudido a Dios en arrepentimiento, sospecho que el resultado habría sido completamente distinto. Pero más importante, Israel sobrevivió porque ellos *estaban* en pacto con Dios, y al haber sido cubiertos por la sangre de los corderos inocentes que fueron sacrificados por ellos, entraron en el mayor bautismo jamás conocido.

En efecto, el Mar Rojo sirvió como el mayor lavacro de bronce en la historia de Israel. Así que lo que tenemos es un quebrantamiento que se produjo primero mediante el cordero, después un autoexamen mediante el espejo del Mar Rojo que mostró a Israel que no podían estar sin Dios, unido a un lavado que preparó a Israel para encontrarse con Dios en el desierto.

En esta progresión de tres eventos, tenemos los tres primeros pasos que tienen lugar en el tabernáculo *y* los tres primeros pasos en el proceso de hacer vino.

Lo primero que sucede con las uvas antes de ser aplastadas es que son arrancadas del viñedo y llevadas a la prensa de vino. Cuando están en la prensa, los pesados pies del Labrador y de quienes facilitan el proceso comenzarían a pisar las uvas, sacando de ellas el precioso jugo que está dentro del fruto. Sin embargo, para extraer el jugo, la carne del fruto tuvo que ser pisada. Para que la uva llegue a ser lo que realmente es, hay que ejercer presión. Ese mismo jugo del fruto se lleva a un recipiente separado que alberga el fruto, pero no antes de pasar por un filtro que presiona, o lava, el líquido y elimina de él cualquier pulpa que quede.

Para que la uva llegue a ser lo que realmente es, hay que ejercer presión.

Justo después de aplastar las uvas, hay un autoexamen mediante el filtro que da al Labrador un producto lavado que Él usará para hacer vino. Este aplastamiento coincide con el sacrificio inicial que tiene lugar justo cuando los israelitas entraban en la tienda de reunión. Su sacrifico era ubicado sobre el altar de bronce para el juicio de su pecado. En lugar de que ellos fueran quemados, el animal ocupaba su lugar. Momentos antes, los sacerdotes se examinaban ellos mismos y se lavaban antes de entrar en el Lugar Santo o atrio interior.

¿Observa el patrón que se repite? En cada caso, lo primero es el quebrantamiento. Aunque puede que no nos guste, el

Labrador nos está diciendo que sucederá lo mismo a cada individuo que se acerque a Él mediante la puerta que es Cristo nuestro Rey. Cuando atravesamos la puerta del atrio exterior, lo primero que todos deberíamos experimentar es el sacrificio de dolor que llega al poner nuestra carne sobre el altar de bronce que es la prensa de vino de nuestro Labrador.

No podemos evitar este quebrantamiento.

No podemos ignorarlo.

Debemos aceptarlo.

Agonía al entrar

Mi propio quebrantamiento no terminó durante la dolorosa transición cuando acepté el llamado de Dios al ministerio a tiempo completo. Afortunadamente, la pasión que tengo por la gente está en el centro de mi vocación y llamado en el reino, porque no se puede ser pastor y dirigir a quienes no se ama. Como beneficio añadido, puedo enseñar a la gente sobre el Señor y quién es Él, y lo que Él hace. No puedo explicar totalmente la exuberancia que experimento al ver a personas llenas con el amor y la justicia del Creador. Como resultado, guiar a personas a Cristo no es solo mi tarea más pertinente; es uno de mis mayores gozos.

Pero con frecuencia me toma por sorpresa algo: algo que veo una y otra vez. Con los años, he sido catalogado como "predicador de la prosperidad" y muchos otros títulos que no llegan a resumir el mensaje del evangelio que doy a otros semanalmente. Por favor, no me malentienda. Estoy a favor de ver a las personas prosperar en sus vidas, pero esa no es la raíz de las enseñanzas que ministro. Me apoyo únicamente sobre la sangre redentora de Cristo, y esa es la buena noticia de nuestra reconexión con Dios como resultado de la obra terminada de Cristo que yo predico.

Si sigue mis enseñanzas durante un tiempo, descubrirá una característica siempre presente y generalizada casi en cada uno de mis mensajes. Hablo de *sufrimiento*. No elimino este tema de mis sermones, porque nuestro Labrador y la Vid verdadera experimentaron el peor sufrimiento conocido para el hombre, y lo hizo por una humanidad que es rápida para confiar en su propio entendimiento y su carne. No soy el tipo de pastor que predica "nómbrelo y obténgalo", "dígalo y agárrelo", o "cinco maneras de poseer un Bentley". Por lo tanto, me maravillo por las personas que creen erróneamente que la aceptación de Cristo en sus vidas se equipara a la ausencia de dolor.

De hecho, es cierto lo contrario si miramos en la Palabra de Dios. ¿Cómo podemos estar exentos del dolor y los problemas en el mundo cuando Jesús nos dijo que esperáramos precisamente lo opuesto? "Yo les he dicho estas cosas para que en mí hallen paz. En este mundo afrontarán aflicciones, pero ¡anímense! Yo he vencido al mundo" (Juan 16:33).

Cuando leemos el Antiguo Testamento y lo comparamos con la vida de Cristo, lo primero que cualquiera debería esperar al entrar en una relación con Dios es *problemas*. Después de todo, cuesta algo ser único; cuesta algo ser peculiar; cuesta algo tener éxito; cuesta algo producir calidad. ¡Incluso le cuesta algo ser *usted*!

¿Dónde en toda la Palabra de Dios hemos visto alguna vez a alguien ser bendecido sin antes atravesar un dolor tremendo? No hay ni una sola persona dotada que yo conozca y que no pueda señalar que, una cantidad tremenda de dolor, impulsa sus dones. La Biblia está llena de ejemplos de personas oprimidas, sin hogar, olvidadas, indefensas y pobres siendo elevadas y bendecidas a la vista de la élite de la sociedad. Esas personas bendecidas que parecen haber salido de ninguna parte no llegaron hasta ahí gratuitamente; pagaron un alto precio por lo que Dios les dio, y su moneda fue la de las lágrimas que inundaban sus almohadas en la noche y la sangre derramada de las heridas de su alma.

No hay ni una sola persona dotada que yo conozca y que no pueda señalar que, una cantidad tremenda de dolor, impulsa sus dones.

La agonía se paga a la entrada.

Igual que descubrimos con la esclavitud de Israel en Egipto y su experiencia posterior de la bendición de la libertad en el desierto, vemos ese mismo quebrantamiento al entrar al tabernáculo. Su sacrificio es lo primero que se maneja, literalmente, al salir de la puerta. Por lo tanto, cuando se trata de nuestras experiencias como seguidores de Cristo, ¿por qué estamos tan aturdidos cuando enfrentamos dolor y estrés en nuestras vidas? Jesús nos dijo: "También el reino de los cielos es semejante a un mercader que busca buenas perlas, que habiendo hallado una perla preciosa, fue y vendió todo lo que tenía, y la compró" (Mateo 13:45-46, RVR1960).

¿Quiere ser todo lo que Dios creó que usted fuera? ¿Quiere cumplir su potencial divino y disfrutar de la paz, el propósito y la pasión que vienen de la satisfacción de saber que su vida tiene significado eterno? Sospecho que todos responderíamos afirmativamente a esas preguntas. Podemos perseguir significado, propósito y placer de muchas maneras, pero ninguna satisface de modo duradero como lo hace cumplir el destino que Dios tiene para nosotros.

Por lo tanto, si eso es lo que usted quiere verdaderamente, lo cual Jesús compara con una perla preciosa de gran precio, entonces ¿qué está dispuesto a pagar por ello?

No puedo evitar destacar que Jesús escogió aquí una perla y no otra piedra preciosa o un objeto valioso. ¿Sabe cómo se forman las perlas? Las perlas vienen de las ostras o de otros crustáceos como mejillones y almejas, y si estas criaturas con caparazón disfrutan de una existencia calmada, pacífica y sin dolor, nunca producen ninguna perla. Solamente crean perlas si algún irritante, como un diminuto grano de arena o un parásito, se queda atrapado en los tejidos sensibles en el interior de sus duros caparazones. A fin de suavizar y remediar el dolor causado por esta abrasión invasiva, las ostras y los crustáceos emiten una sustancia llamada nácar que recubre al invasor irritante con una capa suave, resbaladiza y translúcida. Entonces repiten este proceso una y otra vez hasta que el irritante está cubierto por muchas capas de nácar, formando una hermosa perla.

Una perla de gran precio es nuestro dolor envuelto en la perfección de Dios.

Una perla de gran precio es nuestro dolor envuelto en la perfección de Dios.

Por lo tanto, permítame que le pregunte de nuevo: ¿está dispuesto a pagar el precio por su perla de gran precio?

Dios grita en nuestro dolor

Por favor, no malentienda lo que estoy diciendo. ¿Me gusta el dolor? Ninguna persona en su sano juicio disfruta la violación de la incomodidad agonizante, ya sea intensamente o crónicamente, que señala algún problema o mal funcionamiento en nuestro cuerpo y nuestra mente, ni siquiera en lo más mínimo. Por otro lado, entonces podríamos preguntarnos si a Dios le gusta enviarnos dolor. ¡Claro que no! Dios no es un sádico, y yo tampoco; pero hay algo que aprendemos mediante la experiencia del dolor y la lucha que no aprendemos en ningún otro lugar, y es la apreciación. Porque no amamos lo que no nos cuesta nada. Y Dios pagó el precio más costoso al enviar a su Hijo por nosotros.

Dios, como nuestro Labrador, nos llama a su prensa de vino para que podamos experimentar solamente un aspecto microscópico de ese dolor, a fin de que no solo apreciemos las bendiciones que Él nos da mientras estamos en este planeta, sino que también apreciemos mucho más lo que Él hizo por nosotros y la persona en la que nos ha transformado. Es como si el Labrador utilizara nuestro dolor, confusión y luchas como una herramienta de purificación. El gran escritor y apologista cristiano C. S. Lewis dijo: "Podemos ignorar incluso el placer. Pero el dolor insiste en que lo atendamos.

Dios nos susurra en nuestros placeres, habla en nuestra conciencia, pero grita en nuestro dolor: es su megáfono para despertar a un mundo sordo".

Sangre es el precio que pagamos por el acceso a Dios, y viene con un gran costo. Por fortuna, Cristo pagó ese precio por nosotros; por lo tanto, la tasa sacrificial de entrada para el tabernáculo está representada por nuestro Señor que fue quebrantado por nosotros. Desde el quebrantamiento de Israel en Egipto y el sacrificio que se quebrantaba en el altar de bronce en el tabernáculo de Moisés, hasta el quebrantamiento de Cristo mediante la muerte en la cruz, Dios nos ha invitado a su prensa de vino para poder hacer con nosotros todo lo que sea necesario para reconectar algo temporal a su fuente eterna.

Así que, por favor, no se sorprenda y comience a desesperar al principio del quebrantamiento que soportará. No huya *de* él; huya *hacia* él, porque no estará siendo quebrantado simplemente porque sí. Dios primero está quitando del camino esta fealdad, porque la gloria *Shekhiná* del Señor está solamente a dos secciones de distancia de donde usted está en este momento. Santiago nos dice: "Considérense muy dichosos cuando tengan que enfrentarse con diversas pruebas, pues ya saben que la prueba de su fe produce constancia. Y la constancia debe llevar a feliz término la obra, para que sean perfectos e íntegros, sin que les falte nada" (Santiago 1:2-4). Su dolor no va a durar para siempre, y como los dolores de parto de una madre que espera un hijo, producirá vida nueva.

No huya de él; huya hacia él, porque no estará siendo quebrantado simplemente porque sí.

¿Desea tener una conexión y una audiencia con Dios o no? ¿Quiere más de la vida de lo que usted podrá experimentar jamás por sí mismo? Si es así, debe aceptar este aspecto del proceso, porque el quebrantamiento tiene intención de hacer dos cosas: sacar de usted lo que hay en su interior, y sacar el verdadero yo de la fina piel que lo rodea.

Al aplastar las uvas no solo se extrae el jugo de la pulpa, sino que también se separan del jugo las partes de la uva que no son usables. Una cosa es ser salvo por medio de Cristo. Jesús se ocupó de su salvación en el altar de bronce. Otra cosa distinta es ser santificado por Cristo y para su servicio. Igual que los israelitas se situaban ante el lavacro de bronce, usted experimenta que el Señor no solo le salva de lo que hizo, sino que también le revela el verdadero yo cuando usted comienza a mirarse en el espejo de su perfecta ley de la libertad.

Después de todo, ¿por qué salvarle de lo que le ha hecho su pecado y pasar por alto mostrarle quién y qué es usted realmente en Él? Y mientras más regrese al espejo de la Palabra de Dios, más se revela Él mismo en usted, haciendo que se ponga en consonancia con su verdadera identidad en Él. El quebrantamiento requiere purificación. ¿Conoce a alguien que purificaría algo que no tiene intención de usar? La suciedad permanece, pero podemos limpiar aquello que es beneficioso y útil. Como resultado, su quebrantamiento no puede ser el fin, porque Dios nunca le purificaría si no tuviera intención de usarlo.

Su quebrantamiento no es otra cosa sino el comienzo de un proceso de transformación gloriosa que revelará al mundo y a usted mismo quién y qué es usted realmente. Y es solamente el primer paso. Igual que el sacrificio en el tabernáculo es lo primero, así también su quebrantamiento. Igual que primero fue la esclavitud de Israel, también lo es su quebrantamiento. Igual que el tabernáculo de Moisés fue el primero de los tres mencionados en el Antiguo Testamento, su quebrantamiento es la primera de tres etapas. Tal como su aceptación de la muerte de Jesús viene en primer lugar, así también su quebrantamiento. Igual que lo primero es pisar las uvas, así también su quebrantamiento. Hay más que llegará, mucho más.

CAPÍTULO 7

Hagamos vino

Nadie piensa en cuánta sangre cuesta.

—*Dante*

"Este es el fin; ¡lo perderás todo!".

Ahí estábamos, viviendo en una casa grande y conduciendo un auto bonito, pero viviendo de salario en salario; y apenas sobreviviendo. Incluso mientras mi ministerio crecía, el enemigo no dejaba de susurrarme al oído cada noche: "Este es el fin. Nunca lo lograrás. ¡Estás a punto de perderlo todo!".

El calor frío del temor entra en nuestro corazón cuando tales palabras comunican su mensaje de desastre inminente. Cuando nuestra vida comienza a sufrir una hemorragia de todo lo que consideramos querido, sabemos que la realidad del primer pellizco en nuestro interior podría fácilmente dejarnos sin vida. Ese temor es particularmente agudo cuando hemos sido pobres antes, cuando no hemos tenido nada y hemos trabajado duro para llegar a nuestro nivel actual, por precario que pudiera ser. Yo sé lo que es tener que apagar electrodomésticos y utilizar cupones de comida. Mi familia y yo sobrevivimos a aquellos tiempos, pero solamente el mero *olor* de todo aquello me seguía aterrando.

La única diferencia entre el periodo en que Serita y yo éramos pobres y esta vez era que vestíamos ropa más bonita, vivíamos en una casa más grande, y viajábamos más cómodamente. A medida que los retos se amontonaban, tuve que tomar la difícil decisión entre seguir luchando en esa agitación y soportarlo todo, o lanzar la toalla y renunciar al futuro que Dios me prometió. Aun calladamente, la bancarrota llamaba a mi puerta cada día. Añadido al peso de todo aquello, conocía la responsabilidad de ser el único proveedor para toda mi familia. Tenía una esposa y cinco hijos a los que alimentar, y mis dos hermanos trabajaban para mí.

Y por si eso no fuera suficiente, mi creciente iglesia necesitaba desesperadamente nuevas instalaciones. Yo predicaba en cinco servicios cada domingo ante una multitud y un salón lleno al máximo de su capacidad. Necesitábamos más espacio ayer. Cinco veces nos habían negado un préstamo para construir una iglesia más grande. Dondequiera que me dirigía, me decían que no podía construir lo que Dios había puesto en mi corazón. Entendí que nos denegaran el préstamo, pero no podía soportar que un desconocido me dijera que mi misión era inválida y que mi visión era falsa.

La presión para continuar con todo lo que Dios me llamó a hacer.

El peso de proveer para mi familia.

La hemorragia de un líder que sufría en silencio.

El quebrantamiento de mi corazón cuando clamaba a Dios.

¿Me siente? Hablo del dolor que uno soporta con los labios

apretados, la espalda erguida y la cabeza alta mientras se recita a sí mismo el mismo mantra parecido a una oración que pronunció Job hace miles de años atrás: "...aunque él me matare, en él esperaré" (Job 13:15. RVR1960). Por lo tanto, seguí adelante mientras todo lo que me rodeaba estaba siendo aplastado. Volvía a estar de pie mirando por la ventana incontables noches mientras buscaba una respuesta y le suplicaba a Dios con las palabras: "Señor, por favor, ¡sácame de esto!".

Quebrantado para su propósito

Yo no sabía que estaba siendo quebrantado, que estaba en un proceso ordenado por el Maestro, que había un propósito detrás de todo aquello. La presión que Dios me estaba aplicando estaba forzando mi sangre, sudor y lágrimas hacia la visión que Él me había dado a fin de dar vida a mi futuro. Al provenir de una familia de emprendedores, yo sabía que nada en mi vida simplemente me lo entregarían. Pero se volvió demasiado obvio que no iba a recibir todo lo que Dios tenía para mí sin una lucha.

El enemigo había enseñado sus dientes y había afilado sus garras como preparación para eliminarme; él vio mi estado vulnerable e intentó crear una avalancha de agitación para hacerme tropezar, voltearme y torturarme para que me alejara de lo que yo sabía que era mi destino divino. Aunque conocía sobre tales obstáculos desde una perspectiva cognitiva y teológica, la realidad me dejó golpeado, magullado y sangriento. Y sé que mi experiencia refleja lo que todos enfrentamos de alguna manera.

En este proceso de quebrantamiento, el enemigo de su alma

enviará obstáculos a su camino para convencerle de que abandone lo que Dios está haciendo en su vida. Cosas que usted no podría imaginar saldrán de la nada; personas que pensó que nunca le decepcionarían, le fallan y le traicionan. Circunstancias y eventos que parecen no tener ningún ritmo o razón de repente se convertirán en la poesía que usted se ve forzado a recitar cada día como el guión de su vida. He estado en el ministerio por más de cuarenta años, y quedaría asombrado ante los problemas y presiones que intentaron desplazarme y sentenciarme a toda una vida de mediocridad.

En este proceso de quebrantamiento, el enemigo de su alma enviará obstáculos a su camino para convencerle de que abandone lo que Dios está haciendo en su vida.

Durante aquel periodo, frecuentemente probaba la amargura de la bilis que llegaba hasta mi boca, y parecía como si eso fuera el único consuelo que tenía. Tenía que levantarme en la mañana, sonreír y seguir adelante. Tenía que dar la impresión de que estaba bien mientras todo lo relacionado conmigo se estaba desplomando. Estaba tan preocupado que ni siquiera podía comer. Dormía solamente una o dos horas, y regresaba a mi angustia de preocupación. Esas son las noches que prueban las almas de los hombres.

"*¡Prepárese! ¡Prepárese! ¡Prepárese!*".

Yo predicaba esas palabras las mañanas de los domingos ante multitudes de decenas de miles de personas mientras batallaba con el hecho de que no sabía para qué me estaba preparando yo. Estaba preparado para el ministerio, la iglesia, la prensa y Hacienda, pero nunca estaba preparado para los quebrantamientos que se producían en mi vida. Cuando usted ve nuestro programa de televisión y me escucha enseñar y hablar, nunca pensaría que estaba despierto en la noche, lleno de temor, frustración y miedo.

Pero mientras usted estaba levantado a las tres de la mañana, caminando de un lado a otro por su casa, yo estaba inquieto en la mía. El sermón que le prediqué a usted el domingo siguiente era el que el Maestro primero me ministró a mí personalmente la noche del jueves. Usted nunca estuvo solo mientras estaba siendo quebrantado. Mientras nos preocupábamos juntos sobre cómo el Maestro se llevaría la gloria de los momentos dolorosos de nuestras vidas, Dios estaba ahí, asegurándose de que la sangre que nosotros derramábamos se convirtiera en el vino que Él serviría a otros como un testamento y una promesa de que Él puede producir belleza y gozo de los periodos más feos y más deprimentes de la vida.

Las partes horribles de mis heridas estaban cubiertas por mis zapatos. Cada éxito que he tenido está rociado con la sangre de las heridas que se produjeron al ser yo pisado bajo los pies del Maestro. Esa evidencia está en cada logro que he obtenido jamás. Mis pies, que calzan el número trece y fueron a la Casa Blanca o cruzaron un escenario para así poder recibir un premio Grammy, esos pies siempre estaban heridos y sangrientos, aunque estaban cubiertos por limpios zapatos de cuero y calcetines de vestir. Antes de seguir a alguien y permitirle que invierta en usted, pídale que le muestre las suelas de sus zapatos. Porque usted no puede ser un salvador o una persona exitosa y no tener pies manchados de sangre.

> *Usted no puede ser un salvador o una*
> *persona exitosa y no tener pies manchados*
> *de sangre.*

Rentabilidad

Recientemente escribí un libro, titulado adecuadamente *¡Vuele!* que habla sobre utilizar los dones emprendedores que tenemos para levantar el vuelo y alcanzar nuevas alturas. Tras su publicación (de hecho, incluso antes de que el libro tomara forma), las preguntas que me hacían más frecuentemente, por lo general emprendedores en expansión e individuos inspirados a lanzar una pequeña empresa, eran las mismas:

> *¿Vale la pena el dolor que cuesta el premio?*
> *¿Cuál es la suma total que mi transformación va a costarme?*
> *¿A qué tendré que renunciar para ser aquello que Dios me ha*
> *inspirado a llegar a ser?*

Siempre que plantean tales preguntas, mi mente recuerda a la difunta Kathryn Kuhlman, una gran evangelista asombrosa antes de que las mujeres evangelistas fueran generalmente aceptadas. Ella era radical en su comunicación de la Palabra y muy eficaz. Durante uno de sus sermones, habló de lo mucho que le costó ser quien era; su respuesta es la misma que yo ofrezco a quienes buscan mis consejos sobre negocios. Es la misma respuesta que ahora tengo para usted: "Cuesta *todo*. Si realmente quiere saber cuál es el precio, se lo diré. Le costará todo".

Este proceso va a costarle lo que usted conoce sobre sí mismo y todo lo que es estable y familiar. Va a costarle *todo*, y sin embargo el Maestro está detrás de todo eso, requiriendo que usted reconozca si confía plenamente en Él o no. En este proceso de quebrantamiento, Dios le transformará de ser comida para el fracaso a ser el desayuno de los campeones. Él cambia el paradigma de su mentalidad de semilla de simplemente producir fruto en el glorioso aplastamiento de hacer vino. El problema con el que todos debemos lidiar es si estamos dispuestos o no a pagar el precio de un cambio tan radical. Y este cambio toma tiempo.

Dios le transformará de ser comida para el fracaso a ser el desayuno de los campeones.

El proceso de desarrollar excelencia nunca se realiza en un microondas, y la transformación en la que Dios nos tiene requiere un poder duradero. ¿Está usted dispuesto a mantenerse en medio del dolor? ¿Está dispuesto a sacrificar el tiempo necesario para rendir al máximo? ¿Sacrificará lo que es bueno en su vida a fin de alcanzar la grandeza latente en su interior?

El cambio y la transformación que soportamos es una prueba de tiempo. Si continuamos con el Maestro, el resultado final legitimiza el trauma de nuestro pasado. Si usted no soporta el fruto de permanecer, sospecho de la raíz de su conversión. En otras palabras, usted puede decidir cuán real es el proceso de Dios en su vida por si permanece con Él. Después de todo, solamente puede fingir su deseo de transformación durante un tiempo. Por eso se requiere fe, confianza en lo que nuestros ojos mortales no pueden ver y esperanza en el poder sobrenatural de Dios para hacer lo imposible en su vida.

El cambio es un negocio brutal, y fácilmente se desprenderá de sus resultados finales si olvida lo que le costó. Sin embargo, con un precio tan alto requerido de nosotros por el Maestro, quien tiene un fin esperado para nosotros, ¿cómo podríamos olvidar jamás que el vino que Él está produciendo en nosotros bien vale la pena? ¿Podemos creer que el precio que estamos pagando mientras regamos nuestras semillas de grandeza con nuestra sangre, sudor y lágrimas verdaderamente vale la pena?

Cuerpo y sangre

A fin de evaluar tal rendimiento a cambio de nuestro quebrantamiento, le pido que me acompañe mientras escuchamos lo que se dice en la última cena, la comida final que tuvo Jesús con sus discípulos antes de su muerte en la cruz. Allí está Él, el Maestro y Mesías, entrando en el aposento alto que había sido escogido y preparado, sabiendo que estaba a punto de causar a sus seguidores un importante cambio de paradigma.

El periodo del año para esta cena, que recordaba y celebraba la Pascua, no era ninguna coincidencia. Beber y comer la cena de Pascua era un memorial de toda la tragedia, terror y penurias que el pueblo de Israel soportó a fin de asegurar su libertad y al final llegar a la Tierra Prometida. La cena reconocía ser guardados de una visita del Ángel de la Muerte mediante la sangre del Cordero que estaba rociada en cada puerta de las casas hebreas. El evento anual celebraba que Moisés los guió a cruzar el Mar Rojo para ver después las paredes de agua derribarse a sus espaldas sobre el ejército del faraón que los perseguía de cerca.

En esta cena de Pascua, sin embargo, Jesús tomó los mismos elementos que habían sido utilizados durante generaciones y transformó por completo su significado. Imaginemos el asombro en las caras de sus discípulos cuando su Líder tomó el pan, lo partió y dijo: "Tomen y coman; esto es mi cuerpo" (Mateo 26:26). ¿Cómo podía algo hecho de harina de trigo y agua ser la carne viva del cuerpo de Jesús? Incluso si el pan representaba el sacrificio del cordero en Egipto, ¿cómo podía ese cordero convertirse ahora en el Cordero de Dios?

Solamente más adelante, al mirar atrás, entendieron que el cuerpo de Cristo, el pan partido, estaba siendo transmitido al Cuerpo de Cristo, la Iglesia y la comunión de los santos, mediante el cuerpo de Cristo, Jesús, el Hijo unigénito de Dios que vivió en la tierra como un hombre de carne y sangre. Allí, en ese momento en la última cena, toda la realidad, visible e invisible, vista y no vista, en el cielo y en la tierra, colisionó en el partimiento.

Entonces Jesús tomó la copa de vino (me dicen que en la Pascua por lo general se utilizaban cuatro copas para representar distintos aspectos del recuerdo histórico) y dijo: "Beban de ella todos ustedes. Esto es mi sangre del pacto, que es derramada por muchos para el perdón de pecados" (Mateo 26:27-28). Si el pan convertido en el cuerpo de Cristo era ya un reto, entonces el vino convertido en la sangre de Cristo debió de dejarles anonadados. Después de verlo a Él caminar sobre el agua, sanar enfermos y resucitar muertos, con Él allí en medio de ellos, ¿de qué estaba hablando Jesús? ¿Pan y vino? ¿Cuerpo y sangre?

Sin duda, con el vino y la sangre hay una similitud de aspecto, si no de coherencia. Pero más allá del profundo color rojo, que el Maestro dijera que el fruto fermentado de la vid era su sangre real, la sangre que estaba a punto de ser derramada para que todos sus pecados pudieran ser perdonados, era inimaginable. Y, sin embargo, el vino es ciertamente sangre: la sangre de la vid, la esencia, el jugo del fruto aplastado para su creación.

Desde la Pascua hasta esa primera comunión, encontramos el punto álgido de nuestra salvación en aquel aposento alto. El precio estaba a punto de ser pagado en la cruz por el vino que seguimos bebiendo, igual que comemos el pan, conmemorando el cuerpo partido y la sangre derramada de nuestro Señor. Y no es ninguna sorpresa: el precio lo fue todo.

Dios paga el precio

No hay mucho que se pueda hacer con las uvas y que aumentará su valor. Hay solamente dos cosas que valen la pena: cultivarlas con las manos o aplastarlas bajo los pies para hacer vino. El Señor soportó su propio proceso doloroso para hacernos crecer y convertirnos en algo que llegaría a ser lo que Él ya es.

El Señor soportó su propio proceso doloroso
para hacernos crecer y convertirnos en algo que
llegaría a ser lo que Él ya es.

Cristo es la persona que recoge las uvas de nuestras vidas, teniendo que rebuscar entre nuestras ramas para obtenerlas y arriesgarse a pincharse y ser herido por nuestros espinos que utilizamos para protegernos. Simultáneamente, Él es la persona que pisa las uvas en la prensa de vino, y sus pies son arañados en el proceso. Al mirar a Cristo deberíamos ver que Él está haciendo vino de nosotros y sus propios lugares heridos, porque es en las cubas donde se pisan las uvas donde el vino de las uvas y la sangre de sus pies se mezclan.

Él está pagando un costo personal por nuestra transformación.

Usted podría comprender un poco de su propio dolor en momentos de aplastamiento, pero ¿se ha detenido alguna vez a pensar y apreciar lo que le cuesta a Dios llevarlo por ese proceso? ¿La protección que se requiere para mantenerlo seguro, y la provisión que necesita a fin de poder crecer y evolucionar? Los padres y madres entienden el gran sacrificio que cuesta desarrollar exitosamente a un niño para que llegue a ser un adulto sano y maduro.

Yo miro a los prósperos individuos que mis hijos han llegado a ser y entiendo que ellos no recuerdan todo lo que Serita y yo tuvimos que pasar para que ellos sean quienes son hoy. No puedo ni siquiera comenzar a relatar las pruebas y los traumas que soportamos a lo largo de los años de su formación. Desde relaciones con vecinos hasta crisis médicas, de acoso a rupturas, su madre y yo hemos sufrido para que ellos puedan ser fuertes.

A medida que nuestros hijos fueron madurando y llegaron a la adolescencia, tuvimos que sufrir sus insultos y reprimirnos de utilizar ciertas respuestas, para así no decir o hacer algo que no pudiéramos deshacer. Tuvimos que sacrificar nuestros planes en favor de los de nuestros hijos. Hubo ocasiones en que Serita y yo nos privamos de cosas para poder proveer para nuestros hijos, quienes en ese momento no podían entender el costo. Pero estuvimos dispuestos a pagar el precio para que ellos pudieran hacer el vino que ahora disfrutamos en cada una de sus vidas.

Lo mismo sucede entre Dios y usted. Porque siempre que usted está desarrollando a personas, sangra como un mesías porque no puede ayudar a otros sin resultar con pies manchados y cortes en las manos. Le cuesta algo el marcar una diferencia en la vida de alguien. ¿Por qué, entonces, creemos que somos los únicos que reciben y pagan las facturas por nuestra transición? Después de todo, entramos en esta transacción con fondos insuficientes, requiriendo que el Maestro haga por nosotros lo que no podíamos hacer por nosotros mismos.

Beneficio del dolor

Nadie puede esquivar su implicación, su dedicación, y vestirse de la evidencia de la obra que fue necesaria para dar nacimiento a algo. El jugo de las uvas que usted pisa satura sus pies, pero sus pies quedan heridos a la vez que su huella única marca de modo indeleble el fruto. El fruto y el Labrador quedan marcados el uno por el otro. Si sus manos y pies tienen heridas, ¿no es eso el ADN en el vino de las uvas que usted pisó? Hasta que lo que quiere cambiar tenga su aroma con su sangre, sudor y lágrimas en ello, ¿está marcando realmente alguna diferencia?

El fruto y el Labrador quedan marcados
el uno por el otro.

Tenemos a muchas personas que intentan cambiar la nación, construir un negocio o comenzar alguna otra obra emprendedora, pero no quieren que nadie vea sus pies por temor a quedar avergonzados por sus heridas. Sin embargo, sus heridas de batalla son su testimonio personal que me dice que usted ha sido aplastado. Es imposible que yo lo considere creíble hasta que vea las marcas en sus manos y su ADN en lo que usted ofrece. Por eso fue necesario que Cristo fuera las primicias y el primer barril de vino que Dios presentó a la humanidad.

De igual modo, le costará algo ser grande: le costará todo. Independientemente de donde se encuentre en la vida, pagó un precio para estar ahí. Esto parece una verdad sencilla, pero le sorprendería el número de personas que nunca consideran lo que cuesta simplemente ser ellos mismos. Ya sean un director general, cónyuge, padre, madre o adolescente, algo fue entregado a cambio de que ellos estén donde están y sean quienes son. O ellos pagaron la cuenta, o intervino otra persona. Independientemente de cuál sea su trasfondo, tendrá que intercambiar algo de mucho valor para poder llegar a ser la persona que Dios le ha llamado a ser.

Por lo tanto, ¿qué está dispuesto a negociar a cambio de su futuro?

Tenga en cuenta que ser grande no se clasifica solamente por la ganancia económica o la notoriedad. Grandeza es el nivel al cual Dios le lleva cuando finalmente usted está operando con confianza y plenitud en el ambiente donde Él le ha ubicado. Es donde usted está siendo todo lo que puede ser para su gloria. Pero nadie se matricula repentinamente en grandeza. Se desarrolla en usted durante un periodo de tiempo en el cual Dios le transforma de un nivel al siguiente para que llegue a ser la persona que Él ha diseñado. Como una semilla, la grandeza vive en su interior, pero debe ser cultivada a medida que Él le dirige por los diversos periodos de cambio. Y es en los cambios de la vida donde tienen lugar las transacciones más costosas.

Como una semilla, la grandeza vive en su interior, pero debe ser cultivada a medida que Él le dirige por los diversos periodos de cambio. Y es en los cambios de la vida donde tienen lugar las transacciones más costosas.

Tenemos un mandato en nuestras vidas de buscar rentabilidad tras la agonía de nuestro quebrantamiento. Por lo tanto, volvamos a la pregunta. ¿Vale la pena el costo? Y permítame responder haciendo una pregunta diferente: ¿hay algún beneficio? ¡Sí! Por encima de toda comparación, el costo del vino bien vale la pena el sufrimiento. Jesús soportó la vergüenza de la cruz por el gozo puesto delante de Él (ver Hebreos 12:2). Su gozo floreció en la iglesia del Nuevo Testamento, su novia, que no podría haber existido de ningún otro modo. Cristo sabía que su sufrimiento, angustia, humillación, dolor y vergüenza eran necesarios.

Él sabía que eran parte del costo en el huerto de Getsemaní cuando oró a su Padre y pidió que su copa, la copa de vino de la noche anterior que ahora estaba a punto de convertirse en la copa de su sangre, pudiera pasar de Él (ver Mateo 26:36-46). Se nos dice: "Pero, como estaba angustiado, se puso a obrar con más fervor, instructor era, gotas de sangre que caía en tierra" (Lucas 22:44). Mientras tanto, sus discípulos, aquellos que estaban más cercanos a Él y más se interesaban, se habían quedado dormidos. Jesús sufrió en soledad mucho antes de morir en la cruz. Getsemaní fue su lugar de quebrantamiento.

Pero, ¡oh, la dulzura del vino que nuestro Señor estaba haciendo! Cuando usted paga el precio del quebrantamiento, el vino que hace no tiene comparación. De la sangre derramada y las heridas, que se levantan desde las profundidades del temor y el dolor que le empuja hacia abajo, está creciendo algo. Ahora está siendo quebrantado, pero hay algo en usted que sobrevivirá. ¡Hagamos vino!

Ahora está siendo quebrantado, pero hay algo en usted que sobrevivirá. ¡Hagamos vino!

Lo que yo no sabía cuándo estaba de pie sudando bajo el calor de Mississippi, siendo un muchacho de dieciséis años al lado de la tumba de mi padre, es que no solo sobreviviría al devastador quebrantamiento de mi alma, sino que también haría vino nuevo. Lo que yo no podía imaginar al ver cómo embargaban mi auto es que ahora tendría vino más que suficiente para mí mismo, mi familia, y otras personas a las que puedo bendecir. Lo que yo no veía era que aquellas noches sin dormir bien valdrían la pena a cambio del vino de poder conocer a reyes y presidentes, ministrar a millones de personas en todo el mundo, y pastorear mi rebaño.

Mi historia no es diferente a lo que Dios está haciendo en su vida.

Con todo lo que usted ha perdido, con todo lo que ha sido pisado, hagamos vino.

Con cada cicatriz en su cuerpo y cada fractura en su corazón, hagamos vino.

Con cada relación perdida y promesas rotas, hagamos vino.

Con cada moneda robada y oportunidad desperdiciada, hagamos vino.

Con cada lágrima derramada y cada dolor sufrido, Dios está obrando en su vida.

¡Hagamos vino!

CAPÍTULO 8

Poder en la sangre

La sangre fue derramada para unirnos a Dios.

—Andrew Murray

Hacer vino requiere algo más que cambiar el modo en que vemos nuestra vida. Espiritualmente hablando, hacer vino requiere derramamiento de sangre. No podemos exagerar la importancia de la sangre en toda la Escritura porque, por medio de ella, vemos que nuestra posición ante Dios es cambiada. Como resultado, tiene sentido decir que nuestra identidad también cambiaría. Vemos este proceso transformador ilustrado de muchas maneras a lo largo de la Biblia, pero una de esas ocasiones siempre me ha intrigado e inquietado.

No podemos exagerar la importancia de la sangre en toda la Escritura porque, por medio de ella, vemos que nuestra posición ante Dios es cambiada.

Ya en el camino, el SEÑOR salió al encuentro de
Moisés en una posada y estuvo a punto de matarlo.
Pero Séfora, tomando un cuchillo de pedernal, le
cortó el prepucio a su hijo; luego tocó los pies de
Moisés con el prepucio y le dijo: «No hay duda. Tú
eres para mí un esposo de sangre». Después de eso,
el SEÑOR se apartó de Moisés. Pero Séfora había
llamado a Moisés «esposo de sangre» por causa de
la circuncisión (Éxodo 4:24-26).

Obviamente, convergen muchas fuerzas en estos tres versí-
culos. El contexto es aparentemente sencillo: Dios había pedido
a Moisés que llevara a su esposa Séfora y a sus hijos de Madián
de nuevo a Egipto para confrontar al faraón e iniciar la libertad
del pueblo de Israel. A lo largo del camino, sin embargo, se nos
relata aquí este pequeño incidente.

Solamente puedo imaginarlo. Para agravar las cosas, cada
gramo del gran enojo que corría por las venas de Séfora estaba
mezclado con una dosis de traición. Ella apenas si podía soportar cómo Moisés había cambiado drásticamente su vida, pero
aquí estaba, caminando de un lado a otro en medio de la noche
en el desierto, intentando que su mente entendiera órdenes
notablemente extrañas que impulsaron a su esposo a regresar a
Egipto, la misma nación en la cual fue declarado como fugitivo.

Moisés dormía a poca distancia de la fogata que todavía
inundaba la zona inmediata con un resplandor de color naranja
y amarillento, protegiéndolos contra los fríos vientos nocturnos
del desierto que hacían caer la temperatura un promedio de
treinta grados. Al lado de él dormía su hijo. Su sueño hacía que
fuera inconsciente de la caminata llena de enojo de su madre
y de los ronquidos de su padre. Séfora ya no podía soportarlo.

Tenía que caminar, hacer algo, para apartar su mente de lo que había alterado su vida. Lo único que tenía como compañía eran las innumerables estrellas que no dejaban ni una sola vacante en el cielo nocturno.

El relato de Moisés de su conversación con *algo* era totalmente asombroso, sin mencionar que su tartamudeo hacía que su relato de la historia fuera mucho peor incluso. ¿Una zarza ardiente que hablaba y no se consumía? A Moisés debía haberle afectado estar fuera con las ovejas por demasiado tiempo. El calor seguro que se cobró su factura. No había absolutamente ninguna otra justificación que pudiera explicar una conducta tan descabellada, y que su padre le diera permiso a Moisés para regresar a Egipto sirvió solamente para enojar aún más a Séfora.

Sin duda, tenía que suceder algo, pero Moisés era su esposo. El divorcio estaba totalmente fuera de la cuestión, y ella no podía abandonarlo. Estaba atada a ese hombre, enamorada de Moisés desde el primer momento que puso sus ojos en él. Cuando lo conoció, no prestó atención al vestido egipcio de Moisés, considerándolo solo un resto de su lugar de procedencia. "Debe de haberse cansado de su tierra natal", razonó para sí misma. Su amor fue apasionado, y Moisés se ocupaba bastante bien de las ovejas, casi como si hubiera nacido para dirigir y ocuparse de cosas tan inocentes. Su habla era algo de lo que la gente se reía, pero Séfora consideraba que ese impedimento era una característica atractiva que hacía que Moisés fuera incluso más atrayente. "Es bastante bonito", le dijo con afecto cuando pasaba por su lado un día.

Las miradas se convirtieron en coqueteo. Los coqueteos dieron lugar a conversaciones profundas. Las conversaciones se transformaron en interminables momentos de estar juntos.

Jetro, el sumo sacerdote de Madián, lo observaba todo y estaba satisfecho con el agrado que sentían el uno por el otro y que nunca cruzó la línea. Moisés era honorable, y Jetro percibía que Moisés se enorgullecía de su trabajo en la aldea, observando la felicidad de Moisés con lo que le había tocado en la vida y su afinidad cada vez mayor hacia su hija. El egipcio huido y convertido en pastor no era la primera opción que él tenía para Séfora, pero sabía que no podía interponerse en el camino de una relación tan orgánica. Era muy lógico que se casaran.

Todo fue bien hasta el encuentro que tuvo Moisés con el Altísimo.

Bajo la piel

Al ser sumo sacerdote de Madián, Jetro poseía un discernimiento que al instante confirmó la verdad del relato de Moisés de lo que había sucedido mientras cuidaba de los rebaños hacía muchas semanas atrás. Había una urgencia en la conversación de Moisés y en su mirada que él nunca había visto antes. Su conducta relajada no se veía por ninguna parte, y apenas si podía pronunciar las palabras. Sin duda, Moisés había visto *algo*, y demasiadas personas sabían que no había que tratar a la ligera a Jetro cuando se trataba de abordar asuntos que él creía que eran divinos.

Aun así, Séfora estaba más que enojada. El modo en que veía su vida fue totalmente destruido. Moisés ya no llegaba a su hogar en la noche y se sacudía el polvo de los pies por haber estado cuidando a los rebaños. Ya no había días sencillos que terminaban con Séfora encerrada en los brazos de su esposo, contenta con el horario inalterado que vivían cada día.

Esa noticia de la que hablaba Moisés lo marcó, y Séfora se vio forzada a reconocer a una deidad a la que nunca había adorado. Habiendo escuchado de la letanía de dioses en el acervo popular de Egipto, nunca había oído de alguno que se refiriera a sí mismo de modo tan audaz como "Yo Soy".

Quienquiera que fuese ese Dios, había captado la atención de Moisés, y a Séfora no le gustaba. Había costumbres de las que Moisés hablaba, tradiciones extrañas que él decía que su pueblo había estado siguiendo durante generaciones incluso mientras estaba cautivo. Una de ellas destacaba más para Séfora, y fue donde ella trazó inmediatamente la línea. No había modo de que ella permitiera que Moisés pusiera un cuchillo en el pene de su hijo y eliminara su prepucio.

"¡Estás completamente loco!", exclamó Séfora cuando Moisés se acercó a ella con la idea. "He sido más que paciente contigo y con todo esto, incluso hasta el punto de dejar mi hogar por ti y por esta…*búsqueda*. *No* voy a dejar que mi hijo soporte ese tipo de dolor. ¿Por qué crees que iba a permitirte hacerle eso a *nuestro* muchacho, *nuestro* hijo? ¡No! Hasta aquí, ¡no más lejos!".

Ella recordó el enojo y la frustración de Moisés que resplandecían como fuego en su mirada. Fue lo único que pudo hacer para no forzar el asunto; había lanzado el guante. Séfora dejó a Moisés con la decisión entre las tradiciones de su herencia que, hasta hacía unos pocos meses ella podría haber jurado que era egipcia, y escoger a su familia. Todo en su ser fue sacudido profundamente, pero Séfora no podía soportar otro cambio, no uno tan inmenso que afectaría físicamente a su hijo de esa manera. Más que el alivio que experimentó cuando Moisés la abrazó rindiéndose a sus demandas, el alma sacudida de Séfora fue calmada por el pensamiento de que había algunas cosas que Moisés se negaría a hacer incluso ante este nuevo Dios del que ella no había escuchado hablar.

Pero ahora estaba a punto de perderlo a él, y a su hijo. De pie al lado de su esposo y de su hijo, vio a Moisés pelear inconscientemente por su vida y batallar contra convulsiones que hacían que todo su cuerpo se estremeciera. Ella no vio ninguna otra razón para ese ataque violento, ninguna huella o marca en la arena que le llevara a creer que un animal o un insecto había causado el estado de Moisés. Su hijo, extrañamente, aún seguía dormido profundamente, casi en estado comatoso.

Moisés temblaba de modo incontrolado mientras Séfora se arrodilló a su lado, probando todo lo que estaba en sus manos para despertarlo de su sueño. "¡Moisés! ¡Moisés, mi amor, despierta! ¡MOISÉS!". Un sudor abundante y continuo traspasaba las tropas de Moisés y su piel como si estuviera siendo sumergido en un baño. Su respiración pasó inmediatamente a ser complicada, después áspera y luego casi inexistente. Séfora gritó agudamente el nombre de Moisés, que no pudo despertar a su esposo y su hijo.

Séfora, agarrando entre sus manos las de Moisés, buscó en su área inmediata algo para manejar el momento. Sus ojos se llenaron de lágrimas y cayeron por su rostro. Su esposo se estaba muriendo, y no había nada que ella pudiera hacer al respecto. Su enojo y resentimiento hacia él habían desaparecido por completo y habían sido sustituidos por mero pánico ante la idea de perderlo. No había tiempo para la oración, solo para la acción. ¿Y a qué ser iba a orar? ¿A los dioses de sus padres? ¿Al Dios de Moisés? Si había alguien que evitaría que Moisés muriera, seguramente sería Aquel que lo había enviado a esta misión en un principio, ¿correcto? ¿Por qué ordenaría a Moisés una tarea que él nunca podría terminar? Y ¿cómo podía ella ponerse en contacto con Él?

Séfora se puso de pie rápidamente y rebuscó en un paquete que estaba en lo alto de un camello cercano. Al buscar y no encontrar un cuchillo, divisó una piedra muy afilada que tenía cerca. La agarró y volvió rápidamente con su hijo. Situándose por encima del muchacho, estaba atenazada por el temor en cuanto a si el daño que le haría funcionaría o no. Pero había demasiado que perder, había mucho en juego. Séfora, totalmente insegura de sí misma, se puso de rodillas al lado de su hijo y le dio un beso en el rostro, dando gracias a cualquier Dios que estuviera escuchando porque su hijo aún seguía dormido. Ella podría librarse rápidamente de lo peor de la cirugía de emergencia antes de que el muchacho supiera qué le produjo el dolor.

Séfora bajó los pantalones de su hijo, dejando al aire sus genitales, y cortó su prepucio. Los llantos del muchacho eran ensordecedores, pero Séfora ya estaba en la mitad del proceso y siguió hasta el final en medio de su agonía.

"Regreso enseguida, hijo mío".

Tras haber quitado de él la carne sobrante, Séfora gateó al lado de Moisés mientras sostenía el cuchillo manchado de sangre y la piel de su hijo. Bajó los pantalones a Moisés y frotó el miembro de su esposo con la sangre de su hijo. Le temblaba la voz mientras decía: "No hay duda. Tú eres para mí un esposo de sangre".

Moisés inhaló con una fuerza gigantesca, y el sonido de su aliento casi eclipsó los gritos de su hijo. El color regresó a su piel, convirtiéndose en el matiz humano sonrosado cuando sus células comenzaron a recibir oxígeno. Séfora agarró la cabeza de su esposo entre sus brazos mientras sus ojos se abrían e intentaba incorporarse. Igual de rápido que Moisés había caído mortalmente enfermo, toda la situación terminó cuando Séfora aplicó la sangre de la circuncisión.

Moisés, reconociendo lo que había sucedido, se cubrió y abrazó a Séfora antes de que su esposa y él atendieran la herida de su hijo.

Cortar un nombre nuevo

Perdóneme por dramatizar esta extraña cirugía en el antiguo desierto en las fronteras de Egipto, pero demanda no solo nuestra comprensión sino también nuestra apreciación experiencial. Casi cualquier hombre dudaría en presentarse a que le hicieran una circuncisión a una edad madura. En palabras sencillas, que alguien se acerque con un cuchillo ya es algo que haría pausar a cualquiera. Sin embargo, que alguien se acerque con un cuchillo para la circuncisión podría causarle alguna herida. Todos tenemos nuestros límites, y creo que cada hombre de edad consideraría eso como uno de ellos; sin embargo, Dios se acercó a Moisés aquella noche para hacer precisamente lo que se requería de todos los varones hebreos al octavo día de vida. Pero leyendo Éxodo 4:18-31 está bastante claro que Moisés no había hecho pasar el cuchillo por su hijo.

Debo admitir que este es un pasaje peculiar de la Biblia, que me inquietó por muchos años. Yo batallaba con la pregunta sobre por qué un Dios omnisciente, omnipresente y omnipotente ordenaría a Moisés llevar a cabo sus órdenes de liberar a su pueblo y, mientras estaba de camino a hacer precisamente eso, de repente decide matarlo. ¿Por qué retiraría Dios su palabra? ¿Era algo tan serio la circuncisión? Si era así, ¿por qué?

Era la humanidad en mí lo que hacía tales preguntas. Sin embargo, la divinidad de Dios habló, y entendí que, si Dios realmente quería muerto a Moisés, Séfora no podría haber hecho nada para evitarlo. Es bastante posible, entonces, que Dios no requería la vida de Moisés, como algunos han sido guiados a creer. Más bien, Dios estaba demostrando un punto que sería ilustrado una y otra vez a lo largo de la Escritura. Si la circuncisión era tan importante para Dios que su visita casi mató a Moisés, ¿no justifica eso que volvamos a repasar su institución? Fue esa pregunta la que me dirigió de nuevo a Abram. Observe que escribí su viejo nombre (Abram) y no el que Dios le puso más adelante (Abraham).

Es en Génesis 17 donde oímos por primera vez de la circuncisión, y aunque solamente pensar en ello asusta profundamente a la mayoría de los hombres, fue algo que Abram se hizo *a sí mismo* no a los dieciocho años, a los treinta, o incluso a los sesenta. ¡Abram realizó su propia circuncisión a la tierna y vieja edad de noventa y nueve años! Es aquí donde una abrumadora población de personas sensibles comienza a gritar su pregunta: *¿Quién haría tal cosa, y por qué?* Bueno, no ofrezco nada mejor que las propias palabras de Dios:

> Cuando Abram tenía noventa y nueve años,
> el Señor se le apareció y le dijo:
> —Yo soy el Dios Todopoderoso. Vive en mi presencia y sé intachable. Así confirmaré mi pacto contigo, y multiplicaré tu descendencia en gran manera.

Al oír que Dios le hablaba, Abram cayó rostro en tierra, y Dios continuó:

—Este es el pacto que establezco contigo: Tú serás el padre de una multitud de naciones. Ya no te llamarás Abram, sino que de ahora en adelante tu nombre será Abraham, porque te he confirmado como padre de una multitud de naciones. Te haré tan fecundo que de ti saldrán reyes y naciones. Estableceré mi pacto contigo y con tu descendencia, como pacto perpetuo, por todas las generaciones. Yo seré tu Dios, y el Dios de tus descendientes. A ti y a tu descendencia les daré, en posesión perpetua, toda la tierra de Canaán, donde ahora andan peregrinando. Y yo seré su Dios.

Dios también le dijo a Abraham:

—Cumple con mi pacto, tú y toda tu descendencia, por todas las generaciones. Y este es el pacto que establezco contigo y con tu descendencia, y que todos deberán cumplir: Todos los varones entre ustedes deberán ser circuncidados. Circuncidarán la carne de su prepucio, y esa será la señal del pacto entre nosotros. Todos los varones de cada generación deberán ser circuncidados a los ocho días de nacidos, tanto los niños nacidos en casa como los que hayan sido comprados por dinero a un extranjero y que, por lo tanto, no sean de la estirpe de ustedes. Todos sin excepción, tanto el nacido en casa como el que haya sido comprado por dinero, deberán ser circuncidados. De esta manera mi pacto quedará como una marca indeleble en la carne de ustedes, como un pacto perpetuo. Pero el varón incircunciso,

al que no se le haya cortado la carne del prepucio,
será eliminado de su pueblo por quebrantar mi pacto
(Génesis 17:1-14).

Al establecer un nuevo pacto con Abram, la primera tarea realizada por Dios fue cambiar la identidad de Abram. En el quinto versículo, Dios llevó a Abram de una posición a otra llamando a Abram a un caminar diferente. En lugar de seguir su propio camino, Abram tenía que seguir el camino trazado por Dios para él, y es precisamente ahí donde muchos de nosotros flaqueamos. Buscamos nuestro propio camino, sin entender que nuestro orgullo y arrogancia nos conducen a la destrucción. Aborrecemos tener que recibir instrucciones de nadie porque creemos que nosotros dominamos todo en nuestras vidas y, como resultado, no nos gusta perder el control y caminar con Dios por fe.

Al establecer un nuevo pacto con Abram, la primera tarea realizada por Dios fue cambiar la identidad de Abram.

A menudo cometemos el error de catalogar a las personas basándonos en lo que han hecho; sin embargo, al catalogar a alguien según lo que ha hecho, ¿acaso no nos veríamos forzados siempre a llamar a alguien según lo último que hizo? Dios no hace lo mismo con nosotros. El Maestro siempre nos llama según lo que Él ha puesto en nosotros y lo que nosotros haremos por Él. Le planteo que Dios nos llama lo que seremos mientras aún batallamos con lo que fuimos y lo que hicimos. Cuando Dios cambió el nombre de Abram, Él aumentó la distancia entre quien era antes el hombre y quien Dios le dijo que sería en el futuro. Para entender mejor esa distancia, lo único que tenemos que hacer es comparar los nombres.

Según el texto, *Abram* significa "padre alto/exaltado", mientras que *Abraham* significa "padre de muchas naciones". El pacto que Dios inició al convertirse Abram en Abraham señala hacia algo que Dios ha estado haciendo con la humanidad por miles de años. El Maestro declara continuamente la verdad a la humanidad sobre quiénes y qué somos, y confirma esta nueva identidad que tenemos por medio del derramamiento de sangre. La señal de la nueva persona de Abraham era que se requería de él que cortara el prepucio de su pene.

Además del dolor que conlleva, esto podría parecer insignificante hasta que tenemos en cuenta que los pueblos circundantes en la tierra de Canaán no requerían que los varones pasaran por el corte hasta la pubertad o su entrada en el matrimonio. En marcado contraste con la gente que lo rodeaba, Abraham debía no solo circuncidar a cada varón en su casa, sino también realizar el rito al octavo día de vida. Al ser el ocho el número de los nuevos comienzos, cada varón entraba en una nueva relación con Dios ese día, siendo marcado como otra persona y parte de algo exclusivo para todos en su linaje.

Abraham no solo recibió un nombre nuevo que significaba quién era él ante los ojos de Dios, sino que él y cada hombre y muchacho en su casa, incluidos los sirvientes contratados, llevaban la prueba física de que no eran iguales que los hombres de las naciones y sociedades circundantes. Tan exhaustiva y completa era la promesa de Dios a Abraham que no solo se extendía a cada hombre y muchacho relacionado con Abraham, sino también a su esposa, Sarai, a quien Dios cambió el nombre a Sara.

Hasta este punto puede ver que Dios no está interesado solamente en cambiar su persona y su vida. Él es completo, global, consumiendo y llenando todo y a cada uno de los que pertenecen a Él. Dios no solo busca su mente, o su corazón, o su cuerpo; el Maestro quiere la totalidad de lo que usted es porque no recibirá nada menos de Él. Como resultado, Abraham no podía ser la única persona a la que afectaría este nuevo pacto. Sara tenía que ser parte de ello porque Sara era una sola carne con Abraham.

Las bendiciones de Dios se convierten en realidad en nuestras vidas cuando nos unimos al plan del Maestro poniéndonos en consonancia con ese plan en fe, como Abraham. En esencia, cuando reconectamos con Dios, entramos en lo que Él tiene para nosotros.

Cuando reconectamos con Dios, entramos en lo que Él tiene para nosotros.

Conectar mediante el pacto

Antes de que Abram se convirtiera en Abraham entrando en un pacto con Dios, no podemos disputar el hecho de que él era simplemente otro semita en Canaán. El momento en que recibió su mandato y su nuevo nombre de parte de Dios es el momento en que él y todos los relacionados con él se convirtieron en otras personas. Lo mismo fue cierto de Moisés. Antes de entrar en el servicio y la adoración de Dios, no era nada más que un hombre con una identidad equivocada que fue criado como uno más de los cientos de miles de egipcios. Solamente cuando el Señor se apareció a Moisés en la zarza ardiente, él se convirtió en otra persona. Es aquí donde la reconexión de toda su casa con Dios mediante la circuncisión de su hijo se hizo intensamente necesaria. Es aquí también donde vemos la similitud que tenían los esclavos hebreos con Abraham y Moisés.

Pasar una gran cantidad de tiempo con otras personas hace que adoptemos maneras y costumbres que no son indicativas del modo en que nos criaron. Sin duda, hay cosas que son simplemente parte de usted, aspectos de quién es usted y que nunca cambiarán sea cual sea su entorno; sin embargo, usted agarra hábitos que nunca pensó que poseería. Utiliza palabras, frases y lenguajes que antes le eran ajenos; desarrolla una afinidad por la cocina que en nada sabe parecido a los alimentos que comía de pequeño. Lo que le resulta atractivo es totalmente diferente de lo que consideraba normal en su pasado. Incluso el entretenimiento es diferente. Al principio, destacan para usted mínimos detalles que no significan nada para las personas indígenas, pero pronto se convierten en partes acostumbradas de su vida cotidiana.

Eso sucedió con los hebreos, y sin embargo una tradición era una constante.

Durante casi medio milenio, los descendientes de Israel estuvieron expuestos constantemente a una cultura que era completamente contraria a la suya propia. Como resultado, no es exagerado que creamos que perdieron contacto con algunas de sus tradiciones culturales. Sin embargo, había una cosa que persistía: la circuncisión. El momento y la coherencia de este ritual y pacto eran las únicas cosas que todos sostenían y que los diferenciaban de sus jefes egipcios. Imaginemos, entonces, cómo se veía que el libertador de Israel apareciera, proclamara el mensaje de libertad a ellos y al faraón, fuera usado por Dios para enviar diez plagas totalmente devastadoras a la tierra, y él ni siquiera cumpliera por completo la tradición que los destacaba como pueblo.

Cada aspecto de Moisés, desde su propio cuerpo al de su simiente, tenía que parecerse al pueblo al que iba a liberar de la esclavitud. Si su vida no estaba en consonancia con lo que Dios dijo sobre su pueblo, ¿cómo podrían los israelitas confiar en un líder que no obedecía a Aquel que comenzó el pacto en un principio? Ningún líder puede liderar a nadie donde él o ella no hayan estado.

La similitud entre Abraham, Moisés y la nación hebrea es que ninguno de ellos parecía ser nada especial cuando el ojo inexperto los miraba. Ni el hombre ni el grupo entero estaban distanciados de Dios o el uno del otro. Recordaban quiénes eran, aunque estaban en entornos totalmente ajenos. Abraham fue llamado a salir de la tierra de sus padres y se convirtió en el amigo de Dios simplemente creyéndolo a Él. Moisés, mientras estaba en Madián, se convirtió en el libertador de los hijos de Israel porque aceptó el llamado en su vida de aventurarse a regresar a Egipto. Los israelitas no eran otra cosa sino esclavos de los egipcios, pero al mantener su parte del pacto con Dios, constantemente se les recordaba que Dios los rescataría de la esclavitud y ejecutaría juicio sobre el pueblo que se atrevió a tocar a sus hijos.

Si Dios cumplió su palabra dada a Abraham, Moisés y toda la nación de Israel porque ellos permanecieron en pacto y conectados a Él, ¿por qué creería usted que Él no va a cumplir la palabra que le ha dado?

Recuerde el hecho que ya hemos establecido: Dios está obsesionado de manera ardiente y apasionada con reunir de nuevo a su familia. Él es un Maestro totalmente consumido con la idea de reconectar a sus hijos de nuevo con Él. Porque en esa conexión hay promesas y bendiciones que el Señor quiere que disfrutemos sencillamente porque estamos en su familia. Lo único que debemos hacer es estar tan desesperados como Él está por volver a reconectar. Y esa reconexión requiere que estemos en pacto con Él, mediante una circuncisión que ya no es física, sino espiritual y del corazón.

Dios está obsesionado de manera ardiente y apasionada con reunir de nuevo a su familia.

La sangre salvadora de un hijo

Como padre de cinco hijos adultos, tres de ellos varones adultos, me enorgullezco mucho de mis hijos. Desde luego, estoy muy orgulloso también de mis hijas. Sin embargo, entre padres e hijos existe una conexión que no puede ser cuantificada. Ver vivos retratos más pequeños de uno mismo corriendo de un lado a otro es bastante alarmante y a la vez adorable. Parte de ti quiere que sean como tú, pero interviene la madurez y cambia ese deseo al de permitirles que lleguen a ser lo que Dios querría que fueran. Uno quiere que sean lo mejor que puedan ser, y hace todo lo posible para que sus hijos lleguen a ser mejores varones que el hombre que uno es.

Siempre me pregunté qué pasó por la mente de Moisés

cuando su hijo tenía ocho días. ¿Acaso pensó en circuncidarlo? Viendo que cuando Moisés fue destetado, fue criado en los niveles más altos de Egipto, yo supondría que era un hombre con educación. Solo con mirar atrás a la naturaleza avanzada de la cultura egipcia, vemos que las personas poseían un nivel de inteligencia extremadamente elevado. Hasta la fecha, aún seguimos descubriendo, estudiando, y quedando desconcertados por las ruinas del antiguo Egipto. Por lo tanto, no puedo excusar el lapsus de Moisés a la hora de completar el ritual con su hijo diciendo algo tan simple como que "él no lo sabía". Porque ¿cómo puede el pueblo que te crió estar en medio de esclavizar a tus hermanos y hermanas y tú no saber nada sobre las costumbres de sus cautivos? *Alguien*, incluso un sacerdote egipcio, tenía que saber algo sobre las prácticas religiosas de sus esclavos y, meramente de pasada, haberlo mencionado a Moisés.

Lo crea usted o no, yo planteé todas esas preguntas y otras más en un intento de entender por qué Moisés no utilizó el cuchillo con su propio hijo cuando el bebé tenía solo ocho días de vida. Las dos únicas conclusiones a las que llegué y que tenían sentido al grado de que cualquiera de las dos se antepondría al conocimiento de Moisés sobre el procedimiento a seguir fue la especulación de que Séfora no estaba de acuerdo con eso, o que Moisés quería distanciarse a sí mismo de todo lo que era en Egipto después de convertirse en asesino y escapar del país. Esto incluye las costumbres de su propio pueblo.

Sin embargo, la pregunta tenía que volver a levantar su cabeza cuando Moisés finalmente sigue el mandato de Dios de regresar a Egipto y liberar a su pueblo. Es aquí donde la respuesta con respecto a la obstinación y objeción de Séfora a la circuncisión tiene más sentido. Incluso si Moisés pensaba que no era necesario hacerlo, o Séfora no lo aprobaba, ellos ciertamente recibieron la llamada de atención más dura cuando Dios los visitó en su viaje de regreso a Egipto.

No puedo estar de acuerdo con la idea de que Dios iba a *matar* a Moisés. Sí, la Biblia dijo que Moisés habría muerto; sin embargo, si el Todopoderoso hubiera buscado la vida de Moisés para matarlo, ¿quién habría sido capaz de detenerlo? También debo leer Génesis 22:11-12 y observar el hecho de que Dios pidió a Abraham que sacrificara a su único hijo y, mientras Abraham estaba a punto de clavar el cuchillo en su hijo, Dios lo detuvo e indicó el cordero entre los arbustos que Él proveyó. Que Dios detuviera la mano de Abraham, junto con su capacidad de matar a Moisés y no haberlo hecho, me conduce a creer que la muerte de Moisés no era el objetivo del Maestro.

Si matar a Moisés no era lo que Dios pretendía, ¿cuál era su meta? Lo primero que destacó para mí fue el detalle que observamos no hace mucho: Moisés no podía ser un líder eficaz a la hora de sacar a los hijos de Israel de Egipto, mientras él o sus familiares se mantuvieran en clara desobediencia a las tradiciones que los israelitas pudieron honrar, incluso cuando estaban bajo esclavitud. Al ser un hombre totalmente libre, Moisés no podría haber respondido sus preguntas sobre que él no cumplía diciendo: "Ah, es que aún no me he decidido".

También hay personas que creen que Moisés no estaba circuncidado y Dios fue tras él por no cumplir con la ordenanza. Yo no creo que sea ese el caso, y hay una razón principal por la que lo creo; sin embargo, hay escuelas de pensamientos y eruditos que creen que Moisés y otros individuos que destacan mucho dentro de la historia hebrea nacieron sin prepucio. En esencia, algunos creen que Moisés y esos otros hombres nacieron circuncidados. En las páginas de *Abot De-Rabbi Natan* (Los padres según el rabino Natán) hay una lista de esos hombres, entre los que se incluyen Adán, Set, Noé, Sem, Jacob, José, Moisés, y otros.

Adherirnos a la idea de que Moisés naciera circuncidado es innecesario; además, la cuestión no es si Moisés fue circuncidado o no, porque el texto nos lleva a considerar lo que sucedió con su hijo y ver que debe haber algo más. No estoy diciendo que la vaguedad de si Moisés estaba circuncidado no sea importante; solo que no puedo imaginar que Moisés estuviera fuera del pacto con el Señor y que Él tuviera una relación con Moisés que era tan íntima que Dios la describió diciendo: "Con él hablo cara a cara, claramente y sin enigmas" (Números 12:8).

Una relación como esa con el Todopoderoso no llega sin que Dios lleve a esa persona a un pacto con Él. Si Moisés fue circuncidado al octavo día o nació circuncidado, como creen algunos estudiosos, no es el tema que tratamos porque claramente el Señor le mostró favor y lo llamó. Y no hay modo alguno de que Dios no justificaría al siervo a quien Él ha llamado.

Una relación como esa con el Todopoderoso no llega sin que Dios lleve a esa persona a un pacto con Él.

Por lo tanto, repito: ¿qué pretendía Dios al visitar a Moisés?

Al principio de mi relación con Dios, comencé a notar que Él es un Maestro diverso, que posee *muchas facetas* en su sabiduría y sus caminos. Es casi como si le gustara dejar su firma en las cosas para señalarnos hacia Él. Al ver y observar cuán consistentemente ha hecho eso en mi vida, no puedo evitar buscar su firma única en toda la Escritura. Esto significa que busco la realidad de su palabra en su forma de carne, que es Cristo.

Es entonces cuando algo captó mi atención rápidamente. El nombre de Jesús en hebreo es *Yeshúa*, y ese nombre lleva en su significado palabras como *salvación* y *protección*. ¿Y si Dios nos estaba mostrando que hay algo más en la circuncisión que solo cumplir nuestra parte de un trato eterno? ¿Y si Dios nos estaba ofreciendo un avance de lo que Jesús haría por nosotros cuando finalmente llegara a la tierra y comenzara a trabajar en su ministerio, y sacrificara su vida por nosotros? Tiene sentido. Después de todo, podemos ver que, aunque Séfora pudiera detestar esa práctica, ¡la circuncisión y la herida de su hijo salvó la vida de su padre!

En otras palabras, ¡hay protección en la circuncisión!

Pero ¿protección de *qué*?

Firmado con sangre

La respuesta a esa pregunta es bastante sencilla: separación de Dios, ¡lo cual es muerte! Somos inundados con multitud de ejemplos de cómo actúa la sangre como una cubierta para quienes entran en pacto con Dios. Vemos esta verdad confirmada por primera vez en el Huerto de Edén en Génesis 3:21 cuando Dios quita la vida a un animal inocente y utiliza su piel para cubrir la desnudez de Adán y Eva. En Génesis 4:45 verá que Abel presentó al Señor un sacrificio aceptable que consistía en porciones de grasa de los primogénitos de su rebaño. *Tenga en mente que era de los primogénitos.* Más adelante, cuando Moisés da instrucciones sobre la Pascua en Éxodo 12:1-13, ordena a los hijos de Israel que tomen un *cordero sin defecto,* lo coman, y pongan su sangre en los dinteles de las puertas de cada casa.

¿Ve la firma de Dios señalando a Cristo? ¡Hay algo con respecto al poder de la sangre que Dios quiere que veamos! Nuestra transformación en vino requiere que seamos firmados y sellados con sangre.

Nuestra transformación en vino requiere que seamos firmados y sellados con sangre.

Igual que el primogénito del rebaño de Abel, el cordero sin defecto en la primera Pascua y el animal inocente que Dios utilizó para cubrir la desnudez de Adán y Eva, Dios nos señala continuamente hacia las futuras acciones de Cristo por nosotros. Cuando se trata de cubrir nuestra desnudez y vergüenza, Jesús es la vida inocente quitada en el Huerto de Edén para cubrir la multitud de nuestros pecados. Cristo es el primogénito perfecto y sin defecto del rebaño de Abel que sirve como nuestra identificación, representándonos a todos nosotros delante de un Rey santo y justo. En la Pascua, Jesús es el cordero sin tacha que era sacrificado y cuya sangre es rociada en los dinteles de nuestros corazones, salvándonos así cuando el Ángel de la Muerte llegó reclamando justicia.

En cada uno de estos ejemplos, otra cosa muere en lugar del ser humano implicado en la situación: ¿Eran Adán y Eva inocentes? No. Fueron expulsados del Huerto y, más adelante, murieron a causa de sus acciones. Y también nosotros moriremos. Si Abel no le hubiera dado lo mejor a Dios, ¿habría considerado Él que había hecho lo correcto? Desde luego que no. Además, ¿qué le habría sucedido al resto de su rebaño? Para tener la prueba, simplemente veamos las acciones de su hermano Caín, y las palabras de Dios para él.

¿Estaban los hijos de Israel sin pecado? Claro que no, porque eran seres humanos falibles, ¡con Moisés mismo siendo un asesino! El derramamiento de la sangre de cada uno de los animales involucrados, en particular el cordero en la Pascua, no era porque las personas en cada situación fueran inocentes. No, como representación o sustitución, la sangre de cada animal era para mostrar que la muerte, en alguna forma, ya había estado en la casa y que no tenía que volver a visitarla.

Ahora, considerando todo lo que hemos examinado, volvamos a mirar a Moisés y Séfora en el camino de regreso a Egipto. En ese tiempo, su hijo no estaba circuncidado. Que el hijo de Moisés estuviera fuera del pacto con Dios significaba que algún aspecto de Moisés y su familia estaba expuesto a una cantidad considerable de peligro. Al ser Moisés el emisario de Dios enviado al faraón, necesitaba estar cubierto en cada aspecto de su vida. Cualquier cosa dejada al azar podría haber explotado para obligar a Moisés a abandonar su misión. Viendo que no iba de un lugar a otro con guardaespaldas físicos y fuerzas de seguridad que pudieran ocuparse eficazmente de soldados egipcios, ¿qué mejor manera de conseguir que Moisés no hiciera descender plagas sobre Egipto que tomar de rehén a su hijo?

Antes de que los enemigos de Moisés pudieran aprovecharse de tal oportunidad, Dios expuso la grieta en la armadura y nos mostró a nosotros, creyentes de hoy y contemporáneos, lo que Cristo hizo por nosotros. Donde vimos un avance de las acciones de Jesús en el Huerto con Abel y lo que sucedió en la Pascua, se nos muestra una imagen mediante el hijo de Moisés.

El hijo de Moisés, debido a la incircuncisión, no tenía identidad alguna o parte con el pacto eterno que Dios estableció con el pueblo hebreo. Él estaba solo; no tenía derecho a nada de lo que Moisés le transmitiera como legado; no tenía acceso a la protección. La Ley dada más adelante habría evitado que él participara de la cena de Pascua que conmemora la liberación de su familia extensa. En esencia, el muchacho podría haber sido considerado ilegítimo, un bastardo, por así decirlo, igual que lo éramos nosotros antes de tener un encuentro con Cristo y rendirnos a Él.

Entonces, Dios visitó a Moisés. Séfora, desesperada por salvar a su esposo, deja a un lado su propio disgusto hacia el ritual y capitula a las demandas de Dios de que cualquiera y todos sus hijos vuelvan a conectar con Él mediante el pacto. Séfora agarra una piedra afilada, realiza la cirugía y, según la Biblia, toca el miembro de Moisés con ello. La vida de Moisés es salvada en el momento exacto en que la sangre de su *primogénito*, ahora en el pacto, lo toca. En otras palabras, el error de Moisés al no circuncidar a su hijo produjo que Dios les enseñara una lección que ni él ni Séfora podían ignorar. El derramamiento de la sangre del hijo en su circuncisión cubrió el pecado de su propio padre. ¡La sangre del muchacho salvó la vida de Moisés!

¿Le resulta familiar? También nosotros encaramos la muerte sin un sacrificio de sangre que proporcione el poder transformador requerido para que nuestro quebrantamiento produzca vino. Pero Dios siempre ha tenido un plan para cómo abordar ese requisito, una vez para siempre. Él envió a su primogénito e Hijo unigénito para ser nuestra representación necesaria delante de Él. A su vez, ese mismo Hijo sería la representación de Dios delante de nosotros. En lugar de que nosotros muriéramos y estuviéramos condenados a una eternidad apartados de Él, Cristo se convirtió en nuestro Cordero sacrificial, cuya sangre fue derramada y rociada sobre las puertas de nuestros corazones.

Jesús se convirtió en nuestra injusticia e ilegitimidad para que nosotros pudiéramos convertirnos en su justicia y ser aceptados por Dios en el Amado. Por lo tanto, cuando llegaron muerte, justicia y la ley reclamando de nosotros que remuneráramos el pago por nuestra deuda de pecado, Dios miró a todos nosotros que recibimos la sangre del Cordero como nuestro sustituto y dijo: "Ellos se ven como el Cordero. ¡La muerte ya ha visitado esa casa!".

¡La sangre del Hijo de Dios unigénito y sin defecto salvó nuestras vidas! El derramamiento del vino eterno, de color sangre, de nuestro Maestro fue rociado como una ofrenda de bebida por nosotros. Nuestro quebrantamiento puede convertirse en vino divino porque el precio ha sido pagado por la sangre de Cristo en la cruz. Nuestro precio ha sido pagado y el poder de Dios está obrando en nuestro quebrantamiento.

El derramamiento del vino eterno, de color sangre, de nuestro Maestro fue rociado como una ofrenda de bebida por nosotros.

CAPÍTULO 9

Un barril lleno de espera

La parte principal de la fe es la paciencia.

—*George MacDonald*

Algunos años después de que finalmente acepté mi llamado, recuerdo rogarle a Dios que me permitiera predicar. Una cosa era ni siquiera querer el llamado al principio, pero ser llamado y después verme obligado a quedarme sentado en un segundo plano y escuchar a personas hablar de libros de la Biblia que ni siquiera podían pronunciar bien fue la experiencia más exasperante de mi vida. Fue durante mi periodo en el atrio interior cuando el Señor estaba desarrollando mi don. Yo estaba en la ducha, predicando a pastillas de jabón y toallitas para la cara. Caminaba por los bosques de West Virginia imponiendo mis manos a los árboles. Todo esto podría parecerle cómico, pero ahora veo esos momentos como parte de un periodo de fermentación.

Me pasé años limpiando el bautisterio y dirigiendo devocionales antes de que comenzara la adoración, preguntándome cuándo llegaría mi turno de subirme a la plataforma y proclamar la Palabra de Dios infalible. Mi corazón se dolía porque yo sabía que tenía algo que ofrecer. Como los discípulos, mi corazón estaba desgarrado porque el proceso no se producía como yo quería.

Pero la espera fue mucho más beneficiosa porque el Señor estaba trabajando en algo maravilloso en un lugar secreto; Él estaba trabajando en mi carácter, estaba trabajando en mi corazón, estaba trabajando en mi nerviosismo, estaba trabajando en mis motivos, estaba trabajando en mi sabiduría. Él estaba trabajando en *mí*, evaporando cada impureza porque no había modo alguno de que Dios fuera a presentar al mundo un producto sin refinar, sin fermentar y sin desarrollar.

No había modo alguno de que Dios fuera a presentar al mundo un producto sin refinar, sin fermentar y sin desarrollar.

Fui ministro durante siete años antes de predicar mi primer sermón, y tenía ya cientos de mensajes preparados y listos para proclamarlos. Pero el Señor me tenía en patrón de espera, y parecía que no iba a terminar nunca. Todo ello era por una razón, y yo no entendía la razón mayor, la razón del vino, hasta que el obispo Carlton Pearson me llamó para que hablara en Azusa. Allí prediqué un sermón que más adelante vio Paul Crouch. Él vio solo un pedazo de ese sermón en televisión, pero fue durante un periodo difícil, complicado y de quebrantamiento en su propia vida. Fue la obra y el momento de Dios que Paul viera esa parte de mi sermón y, desde ahí, me llamó y me invitó a estar en TBN.

Impacto y réplica

Sé que estamos enfocados en hacer vino de nuestro quebrantamiento, pero permítame tomar prestado un término de otro fenómeno que refleja un cambio igualmente desestabilizador. Yo nunca he experimentado un terremoto con la fuerza plena de su inmediatez, pero he visitado muchos lugares donde el movimiento de placas tectónicas debajo de la corteza de la tierra dio como resultado un reajuste cataclísmico, con frecuencia a costa de vidas perdidas, y casas y negocios pulverizados. Los científicos usan el término *réplica* para describir los temblores continuados que se producen como resultado del terremoto inicial. A veces la réplica puede parecer igualmente dañina, si no aún más, que la sacudida principal.

Al considerar el modo en que el quebrantamiento nos equipara con lo que podemos sentir como un terremoto en nuestra alma, creo que la palabra *réplica* describe adecuadamente nuestro estado emocional tras experimentar el trauma de ser aplastados. Igual que la tierra experimenta pequeños temblores tras la convulsión principal, con frecuencia nos encontramos plagados de las turbulencias emocionales que llegan de recordar lo que acabamos de soportar.

Desgraciadamente, debido a que nuestro estado mental aún tiene que asentarse, la más ligera sacudida nos lanza a cierto tipo de respuesta excesiva que hace que nos preparemos para otra cosa tan terrible como la sacudida inicial. Es bastante parecido al trastorno de estrés postraumático, y nos deja tambaleándonos tras la estela de nuestro quebrantamiento, preguntándonos dónde nos magullará el siguiente golpe. Batallamos por tener esperanza mientras nos preparamos para lo que esperamos que será la siguiente visita del dolor a nuestra psique.

Estamos sensibles y asustados, ansiosos por qué otra cosa podría sucedernos. Igual que en nuestra etapa de poda, lidiamos con cómo el Viticultor, que profesa amarnos tan inmensamente, es el mismo que inicia un dolor tan desagradable y horroroso. La ausencia de agitación parece tenue, necesitando solo un ligero cambio para romper la apariencia de paz, fina como el papel, que nos rodea tras el primer temblor. Creemos que la tranquilidad es demasiado buena para ser verdad, pero nos alegramos de que el infierno en nuestra vida parezca haber terminado. Sin embargo, nuestro corazón tiembla de aprensión y premonición de que en unos segundos perderemos el otro zapato. Por lo tanto, repitiendo lo que siempre hacemos en momentos de transición, intentamos aferrarnos a cualquier cosa para poder estabilizarnos.

Solo que, esta vez, algo es diferente. Hay poco o nada a lo que aferrarnos porque el daño de la primera sacudida fue totalmente catastrófico. Lo que ahora nos rodea son los restos de una vida y una identidad que antes conocimos, porque unimos erróneamente todo lo que éramos a lo que construimos. Añicos de sueños rotos dibujan el paisaje hasta donde nos alcanza la vista, y es difícil, si no imposible, que ni siquiera pensemos en cómo nos propondremos reconstruir lo que hemos perdido a causa del temor a los temblores posteriores que seguramente estarán de camino.

Este es el temor de una mente y un alma que intentan encontrar dónde posarse y reafirmar su confianza en el Maestro que mencionó conocer los planes y caminos que Él tiene para nuestra vida. Pero si es usted sincero y se parece en algo a mí, debe admitir albergar cierto enojo por todo lo que ha sucedido. Pensó que estaba haciendo lo correcto produciendo lo que usted creía que era un fruto sano. Ahora, aquello que ha trabajado tanto para reconstruir ha sido aplastado bajo los pies de Aquel que le ama.

Su nueva normalidad no es nunca normal

Pero observemos sus emociones en medio del proceso. Usted se siente así porque ha perdido algo que considera valioso; pero para el Labrador, es *usted* lo que tiene valor. Por lo tanto, sus sentimientos están basados en su apego a lo que estaba haciendo en lugar de a su ser interior, su carácter que el Maestro considera tan valioso. ¿Podría ser que su apego a sus logros evitara que llegara a convertirse en el vino que Él sabe que usted podría ser, y que Él haya aplastado esas cosas fue para que usted reconociera que realmente no eran lo que le hacían ser quien usted es?

Para el Labrador, es usted *lo que tiene valor.*

Recuerde que *usted* es el fruto, no el producto de sus labores en todo lo que ha hecho. Viendo que aún sigue vivo y se está fortaleciendo, el Labrador no ha terminado aún con usted. Entonces, no ha de tener miedo a las réplicas, porque el Maestro ha conseguido en el quebrantamiento todo lo que necesitaba hacer para llevarlo a usted a la etapa en la que está actualmente.

Es aquí donde el Labrador le da la bienvenida la etapa del "¿y ahora qué?" de la fermentación, esa etapa en la cual Dios está obrando en usted más de lo que pueda imaginar. Muchas veces durante esta fase de aparente reconstrucción se siente usted confuso, porque parece como si no se estuviera haciendo nada. Batalla por encontrar una nueva normalidad, sabiendo que usted nunca será el mismo y nada volverá a parecer normal otra vez. Por lo tanto, ¿qué debería hacer con usted mismo?

Al menos dos personas en la Biblia pueden atestiguar de esta sensación de estar en medio: David y Jesús. Para que entendamos mejor la fermentación y lo que se logra con ella, consideremos el proceso de paciente fuerza experimentado por estos dos hombres a fin de entender el proceso que también nosotros soportamos como parte de nuestra fermentación para convertirnos en vino divino.

Cuando se trata de hacer vino, la etapa de fermentación no es otra cosa sino una zona de espera para las uvas. Ya han sido aplastadas, y ahora las uvas se encuentran en un aspecto del proceso en el que no hay dolor, por así decirlo. Es un patrón de espera, igual que cuando vemos un avión esperando a que aclare el cielo para poder despegar o a que preparen la pista para que el avión aterrice. Algunos patrones de espera pueden durar cuestión de minutos, mientras que otros podrían durar horas. Es ir en círculos antes de bajar, o dar vueltas en el mismo barril mientras no parece que sucede nada.

Así es precisamente como nos sentimos en las fases de transición de la vida. Somos tentados a decir que no está sucediendo mucho, pero no entendemos que nuestro movimiento ha progresado. Podríamos encontrarnos en un patrón de espera, pero no comprender que nuestro vuelo ha sido trasladado del número cuarenta en la fila hasta el número dos. Es porque la transición no la sentimos como trabajo; a menudo la sentimos como espera. Como subir un tramo de peldaños en una escalera y encontrarse atascado mientras un pie se sitúa por encima del siguiente peldaño, está usted en la posición de poder subir y avanzar, pero ve que hay algo más que hacer antes de estar plenamente preparado para completar su ascenso. Es en ese momento transitorio de espera donde Dios le está preparando para el siguiente peldaño.

Igual que en un patrón de espera, la verdadera obra está oculta. El piloto de un avión, sin saber totalmente lo que está sucediendo en tierra, solo puede ser paciente mientras quienes están en la torre de control de tráfico aéreo solucionan todos los detalles. De lo contrario, el avión podría descender antes de que el piloto haya recibido permiso y estrellarse contra otro avión que está despegando. La destrucción llega rápidamente tras moverse demasiado pronto. Por lo tanto, después de quebrantarnos, Dios ejercita su gracia al permitirnos fermentar en la supuesta tranquilidad de la transición para que podamos estar preparados para la siguiente etapa.

El segundo día

Jesús mismo nos mostró el ejemplo supremo de este proceso de fermentación. Cuando tomamos nuestra provisión del Maestro al participar del pan, el cual es su cuerpo, permitimos que el Espíritu Santo brille por medio de nosotros mientras nuestras oraciones son purificadas por el Espíritu haciendo intercesión por nosotros. Y debido a que todo esto sucede más allá de los ojos de otros, en un espacio privado e íntimo, sospecho que esto es precisamente lo que Jesús estaba haciendo por nosotros cuando estuvo ausente de su cuerpo que estaba en el sepulcro. Su cuerpo mortal estaba fallecido, pero en un patrón de espera mientras su alma y su espíritu estaban obrando en otro lugar.

El primer día de su sufrimiento por nosotros, Cristo sufrió

en la cruz, murió y fue sepultado. Y al tercer día, sabemos que regresó a la vida y resucitó. Cuando llegaron las mujeres para atender su cadáver aquella mañana del tercer día, el sepulcro estaba vacío. Pero ¿qué del segundo día? ¿Qué sucedió entonces?

Sabemos por la Escritura (Efesios 4:8-10 y Romanos 10:7) que Jesús descendió al lugar de los muertos después de que su cuerpo fuera quebrantado por nosotros en la cruz. Pero cuando ascendió a los cielos como nuestro Sumo Sacerdote eterno, fue a la realidad celestial de la cual el tabernáculo terrenal, con su Lugar Santísimo, era solamente una sombra. Sin duda, cada tabernáculo terrenal no es nada más que una sombra, porque lo que hemos visto en las instrucciones de Dios a Moisés (en Éxodo 25:40) era que él hace todo según el patrón.

Recordemos que lo que sucedía en el atrio interior del tabernáculo no lo veía todo el mundo. De modo similar, el proceso de transformación de la muerte a la vida ocurrió en la oscuridad del sepulcro. Cuando pienso en esto, no puedo evitar imaginar cuán indefensos debieron haberse sentido los discípulos. Para ellos, su rey estaba muerto. Es probable que creyeran que la presencia del Mesías daría entrada a un nuevo modo de vida para todos los judíos, pensando que Jesús derrocaría a sus opresores romanos y establecería un nuevo reino terrenal mediante el cual Él gobernaría el mundo entero. Todas sus ideas, pensamientos y esperanzas para el futuro quedaron hechos añicos cuando Jesús murió.

El proceso de transformación de la muerte a la vida ocurrió en la oscuridad del sepulcro.

El descenso a la desesperación de los discípulos se volvió aún más desesperado. Incluso ser considerado alguien que seguía a Jesús era una sentencia de muerte automática. Tanto temían por sus vidas los seguidores de Jesús, que inicialmente se ocultaron, reuniéndose en habitaciones y lugares alejados por temor a ser los siguientes en enfrentarse a Caifás y ser crucificados. Con todas sus esperanzas perdidas, sabiendo muy bien que usted iba a ser el siguiente en la fila para la muerte más agonizante posible, podría comenzar a tener sentido que usted también negara conocer a Cristo. Porque, a la hora de la verdad y cuando tiene la espalda contra la pared sin ninguna luz alumbrando su situación, aparentemente está dispuesto a hacer cualquier cosa para sobrevivir.

Pero para aquellos que conocemos al Señor, nuestra supervivencia no está limitada a nuestra propia capacidad. De hecho, como hemos visto, nuestra supervivencia se apoya en nuestra disponibilidad a rendirnos. Comenzamos a reconocer que este momento intermedio de tiempo es transitorio y transicional. Estamos experimentando dolores de crecimiento espiritual.

El tiempo que Jesús permaneció en el sepulcro no era permanente. Se estaba produciendo un cambio en el silencio y la oscuridad del sepulcro, y solamente porque no puede verlo a simple vista no significa que el Maestro no esté trabajando por usted. Solamente porque no puede percibir lo que está teniendo lugar en el atrio interior de su destino divino no significa que no se esté haciendo la obra allí. Solo porque haya perdido todo durante su quebrantamiento en el atrio exterior no significa que lo que debe anticipar es la nada para el resto de su vida. El hecho mismo de que haya obtenido entrada en el atrio interior sugiere que el quebrantamiento nunca podría ser el fin de lo que Dios tiene preparado para usted.

Por lo tanto, antes de perder la cordura y abandonar, antes

de tirar la toalla y alejarse de su sueño, antes de permitir que su fe se desvanezca, le sugiero que haga algo que todos nosotros aborrecemos hacer. Es algo que los discípulos se vieron forzados a hacer cuando todo lo que esperaban parecía haberse convertido en cenizas. Tuvieron que hacerlo incluso cuando Pedro habló de regresar a la pesca. Tuvieron que hacerlo cuando estaban todos reunidos para salvar sus vidas. Se vieron empujados a hacerlo cuando la piedra fue rodada delante de la apertura del sepulcro de Jesús.

Se vieron forzados a esperar.

Estimulados a la vez que sacudidos

Quizá está en la naturaleza humana, pero me temo que solamente empeora con cada generación que pasa: aborrecemos tener que esperar. A todos nos han educado para obtener todo *ahora*. Tenemos que comprar ahora, movernos ahora, comer ahora, dirigir ahora, hablar ahora, enviar un texto ahora, disfrutar ahora. Necesitamos el matrimonio ahora. Necesitamos la familia ahora. Debemos tener nuestra empresa y negocio ahora. Queremos el cumplimiento de nuestro destino *en este momento*, sin tener nunca en cuenta el hecho de que la gracia de Dios se nos muestra al permitirnos fermentar en el patrón de espera.

Aunque puede dar la sensación de que nunca terminará, nuestra fermentación es en realidad tan solo un breve momento de transición. La vida no siempre será así. Incluso ante la más pequeña cantidad de trabajo que usted pueda lograr en el atrio interior después de ser quebrantado fuera, lo único que el Labrador requiere de usted es que ejercite paciencia. Los ingredientes están en su lugar. Usted ha sido quebrantado y se le ha extraído su jugo. Ahora es el momento de permitir que el proceso divino de transformación se desarrolle.

Cuando por primera vez comencé a escribir este libro, estaba intrigado porque Dios me impulsó a construir mi mensaje en torno al proceso de hacer vino. Sí, sé que el vino se destaca en toda la Escritura y nos señala hacia la obra del Espíritu Santo, pero al principio, esta metáfora de maximización me parecía demasiado simple. Mas entonces entendí que esa era exactamente la razón por la cual Dios quiere que la use. Sí, el vino es sencillo, pero la Palabra de Dios nos dice que Él escogió lo necio del mundo para avergonzar a los sabios (ver 1 Corintios 1:27).

---

*El vino se destaca en toda la Escritura y nos
señala hacia la obra del Espíritu Santo.*

Hacer vino se reduce básicamente a tres pasos: pisar las uvas, permitir que fermente el jugo y envasar el vino. En otras palabras, se aplasta el fruto, se permite que el jugo se asiente, y se disfruta de los resultados. Eso es todo. Sin duda, hay otras cosas que los viticultores han aprendido a hacer a lo largo de la historia para refinar y mejorar sus vinos, pero se necesita poca o ninguna tecnología para crear esta bebida que la humanidad ha disfrutado por miles de años. El procedimiento es sencillo, directo y concreto.

Particularmente cuando se trata de fermentación, el proceso es bastante claro. La fermentación no es otra cosa sino el proceso en el cual el azúcar de la fruta es convertido en alcohol debido a su interacción con la levadura natural en el interior de sus pieles. Después de que las uvas fueran aplastadas, un viticultor en la antigüedad judía permitiría que las uvas y sus jugos permanecieran en sus barriles y fermentaran al aire libre. Cuando la levadura actuaba sobre el azúcar, producía un leve sonido de siseo parecido a la ebullición, que resultaba de la reacción en la cual el dióxido de carbono era liberado en el proceso. Aparentemente, algunas personas que se mantenían demasiado cerca de los barriles se quedaban inconscientes. Incluso hay reportes de personas que fueron intoxicadas por los gases, y después cayeron y se ahogaron en el vino que fermentaba.

Aunque la fermentación es sencilla, no hay que tener falta de respeto al proceso. Sigue requiriendo que el viticultor observe con atención los barriles para que el vino no se convierta en vinagre. Si transcurre demasiado tiempo, el jugo se vuelve amargo. Aunque algunos permitían que las uvas se quedaran en los barriles, otros viticultores optaban por poner en jarras el jugo en fermentación. En cualquiera de los casos, se observaba de cerca el vino que resultaría.

El dióxido de carbono es un producto de desecho que los organismos expulsan después de que se produce una reacción química. Por ejemplo, cada vez que usted exhala, está liberando dióxido de carbono. Esta expulsión nos muestra algo valioso. Mientras más se aferre a aquello que debería soltar, más peligroso es para usted. El resultado podría ser asfixia, poniendo un fin abrupto a algo que debería haber seguido existiendo en otra forma. Sugiero, entonces, que el proceso de fermentación por el que Dios nos lleva actúa como una escoba espiritual que Él utiliza para barrer lo que ya no necesitamos. Después de todo, en medio de la transformación debe haber una expulsión de lo viejo y una adherencia a lo que es nuevo. Uno debe dar paso al otro, porque ambos no pueden coexistir.

Sabor por encima de la prisa

Pero ¿qué de la toxicidad de lo que soltamos? La negatividad que llevamos en nuestro corazón puede ser muy fea, adversa y contraria a lo que Dios nos ha llamado a ser. Si no nos ocupamos pronto de esos sedimentos, fácilmente se vuelven comunicables y se extienden por toda la población cercana como si fueran un veneno imparable. Quizás, entonces, esa sea la razón por la cual el Maestro Viticultor permite que tenga lugar nuestra fermentación fuera de la vista, de la influencia y los comentarios de otros; pues si las personas se acercan demasiado a nosotros durante el proceso de expulsar todo lo que no hemos soltado a lo largo de los años, es fácil que esas mismas personas puedan quedar espiritualmente inconscientes, sin querer nunca tener nada que ver con nosotros *o* con el Labrador al que deseamos emular.

No puedo expresar adecuadamente mi gratitud porque el Señor haya tenido la sabiduría de reubicarme en lugares privados, ocultándome entre sus alas mientras Él pasaba a trabajar en mi carácter. He aprendido por el camino difícil que muchas personas no pueden manejar mis partes feas. Si es usted sincero consigo mismo, creo que llegaría a la misma conclusión sobre su persona. De hecho, apuesto a que ya ha visto vislumbres de cuán perverso puede ser usted y eso le agarró fuera de guardia y le dejó pensando: *No tenía ni idea de que pudiera ser tan grosero.*

Eso se debe a que la transición no es fácil.

Durante los tiempos de cambio, sacudida y transición, usted se vuelve irritable, inestable, emocionalmente irregular, y a veces incluso despreciable. Sé que yo puedo llegar a ser todas esas cosas y más. Por eso tiene que tener cuidado con las personas mientras están cambiando. Tiene que ser maduro y estar preparado para cualquier cosa que llegue, porque cuando se dice la verdad, nunca se sabe lo que se va a obtener. Por lo tanto, sea cauto en cuanto a cómo maneja a alguien que está en medio del cambio, incluido usted mismo. Cuando Dios trabaja en nuestro interior, todos soltamos material nocivo. Estamos siendo purificados para un propósito mayor que el que cualquiera pueda imaginar o entender.

Estamos siendo purificados para un propósito mayor que el que cualquiera pueda imaginar o entender.

En lugar de desesperarnos o tener miedo a la ausencia de Dios, debemos agradecer la gracia que el Labrador nos está mostrando cuando nos oculta en el atrio interior durante nuestros periodos de fermentación, esos tiempos en que todas las cosas muertas están en el sepulcro mientras ocurre la transición. Todos experimentamos periodos que son como el segundo día. Espera. Hacernos preguntas. Más espera.

No es solo para que otra persona no resulte herida mientras usted está siendo transformado; es también para que *usted mismo* no sea corrompido. Qué lamentable sería que el Maestro Viticultor regrese a los barriles y vea que el vino añejo que Él *sabía* que sería el mejor que haya producido jamás, en realidad sea peor que el vinagre, porque algo se amargó durante el periodo de fermentación. O ¿y si Él le liberara demasiado pronto?

En cualquier cosa que el Maestro haya puesto en su corazón hacer, le sugeriría que Él le ha llevado, o le llevará, por un periodo de ocultamiento. Es ahí donde Él le prepara para su tarea. Y no sería usted el primero. José estuvo oculto en el pozo y en cárceles. Moisés estuvo oculto en el desierto por cuarenta años. David estuvo oculto en los pastos mientras cuidaba los rebaños. Jesús estuvo oculto en Egipto de niño antes de soportar el tiempo que pasó en el sepulcro. Cada uno de ellos estuvo encerrado y cuidado solamente por el Maestro Viticultor, para que no llegara alguien e interrumpiera su proceso de maduración hacia convertirse en vino.

Doy gracias a Dios por ocultarme y soltarme cuando Él estaba preparado en lugar de cuando yo estaba aún fermentando. Sin importar cuán preparado pensaba yo que estaba para predicar y pasar al nivel siguiente de mi ministerio, el Señor sabía el tiempo que yo necesitaba para fermentar y madurar. Su tiempo raras veces parece encajar con nuestra propia impaciencia, pero debemos aprender a soltar nuestra prisa a fin de experimentar sabor.

Demasiados de nosotros nos apresuramos para llegar al fin del proceso, decirle a Dios que estamos listos para lo que Él tiene para nosotros cuando ni siquiera hemos entendido plenamente los dones que Él ha puesto en nosotros. O estaríamos esperando y ensayando cuando llegue nuestro momento de que el foco brille sobre nosotros cuando se levanta el telón de la vida

El tiempo de Dios puede que no refleje nuestras expectativas, pero durante la fermentación debemos practicar la paciencia y confiar en su conocimiento perfecto del tiempo que se requiere para que alcancemos la máxima potencia y sabor. El Maestro Viticultor sabe cuándo su vino está preparado. Él sabe cuándo ha terminado su fermentación.

Durante la fermentación debemos practicar la paciencia y confiar en su conocimiento perfecto del tiempo que se requiere para que alcancemos la máxima potencia y sabor.

No tiene que apresurar el proceso.

No tiene que apresurarlo a Él.

¡*No puede* apresurarlo a Él!

¿Cómo pueden una uva y su jugo saber cuándo se han convertido en vino? Las uvas no saben cuándo han sido transformadas en algo eterno porque siguen batallando con el dolor temporal y físico que acaban de soportar. Pero en medio de toda su batalla, se han convertido en algo que el Maestro ahora está listo para probar.

Después de dejar que el proceso transicional de fermentación haga su obra, el Maestro Viticultor toma una muestra del barril, sabiendo que su trabajo ha dado resultados. Con el cacillo y su mano manchados de rojo con el vino nuevo, lo acerca a su nariz para olerlo y saborear el aroma que desprende. Y por lo que parece una eternidad, Él disfruta del buqué aromático producido tras nuestro quebrantamiento.

CAPÍTULO 10

Del sepulcro a la botella

Uno no puede escoger regresar a la seguridad o avanzar hacia el crecimiento. Debe escogerse el crecimiento una y otra vez; el temor debe vencerse una y otra vez.

—*Abraham Maslow*

El año pasado, mi esposa comenzó a quejarse de tener dolor abdominal agudo, y aunque la habían tratado varios médicos, ninguno de ellos podía encontrar la fuente del dolor. Mientras tanto, el dolor persistía y aumentaba en intensidad y agudeza. Aunque seguía asistiendo a los servicios de la iglesia y moviéndose por la casa, Serita claramente estaba soportando una incomodidad atroz. Finalmente, encontramos a un médico que hizo el diagnóstico correcto que provocaba el dolor en su cuerpo. Después de probar soluciones sencillas para resolver el problema, se hizo obvio que era necesaria una cirugía.

Y yo lo aborrecía.

Lo aborrecía no porque tuviera miedo a que amenazara la

vida. Mi preocupación surgía del hecho de que Serita no puede tomar los medicamentos normales después de una operación debido a alergias a la mayoría de analgésicos. Por lo tanto, tuvimos varias conversaciones con su médico sobre cómo manejar su dolor, tanto antes de la cirugía como después en la recuperación. La buena noticia fue que la cirugía en sí solamente requeriría que estuviera hospitalizada un día antes de poder regresar a casa. El proceso de recuperación, sin embargo, necesitaba unas seis semanas. Después de eso, ella estaría tan bien, nueva y saludable como siempre.

El momento de esta situación, sin embargo, estaba lejos de ser el ideal.

En cuanto el médico prescribió la cirugía para erradicar el problema, mi esposa y yo nos dimos cuenta de que su periodo de recuperación coincidiría directamente con la graduación universitaria de nuestro hijo pequeño. Intentamos configurar nuestro calendario para incluir ambos eventos, pero era imposible; por lo tanto, después de mucha conversación y deliberación, Serita dijo: "Soportaré cualquier dolor que sienta hasta que puedan realizarme la cirugía, ¡pero no voy a perderme ver la graduación universitaria de Dexter! Ah, no, ¡Satanás no me robará ese momento!".

Ella iba a estar allí si había aliento en su cuerpo. Aunque yo sabía que no serviría de nada argumentar con ella, durante el mes siguiente la observé soportar algunos de los dolores más insoportables de los que he sido testigo jamás. Intentamos todo lo posible para modular y remediar la angustia de su cuerpo, con poco o ningún impacto.

Finalmente, mi esposa ya no podía asistir a la iglesia y raras veces salía de nuestro cuarto. Yo cancelé todos mis compromisos para estar con ella. Cocinaba sus comidas favoritas, que ella apenas tocaba, e intentaba limpiar la casa y ocuparme de ella lo mejor que podía. Cuando logramos llegar a la graduación de Dexter, ella casi no podía caminar, pero se agarró a mí, se subió a ese avión, y volamos hasta California para ver a nuestro hijo cruzar el escenario en su ceremonia de graduación universitaria. De algún modo logramos llegar al lugar del evento y encontramos nuestros asientos. Yo seguía estando impresionado ante la fortaleza de alguien a quien ya admiraba por su tenacidad, resistencia y fuerza de voluntad.

Volamos a casa de regreso inmediatamente después de la ceremonia de graduación, y fuimos directamente al hospital a la mañana siguiente. La cirugía duró cinco horas. Su médico se acercó a mí después y me dijo que la operación había sido muy exitosa. Sentía confianza en su recuperación y en la resolución de su dolor.

Al día siguiente, ella estaba de nuevo en casa, y durante un breve periodo, todo el dolor que había sufrido se detuvo por completo, solamente para ser sustituido por el dolor de la recuperación. Ya sabrá que todo dolor no es igual. El dolor que condujo a la cirugía parecía no tener propósito alguno, solamente advertir de peligro inminente y muerte al final. El dolor después de la cirugía, sin embargo, daba un mensaje diferente, comunicando la recuperación de su cuerpo mientras ella se curaba.

La recuperación puede ser dolorosa.

La fermentación toma tiempo.

Y también requiere tiempo trasladar el vino nuevo desde el barril a la botella.

También requiere tiempo trasladar el vino nuevo desde el barril a la botella.

Igualmente pasar desde la cruz al sepulcro vacío.

Lleve su cruz

La cruz era un símbolo familiar que era común como método de ejecución romano. Incluso después de la crucifixión de Jesús, pasó bastante tiempo antes de que la cruz se relacionara con la adoración y fuera querida por los cristianos. En la época de Jesús, tenía la connotación equivalente que nosotros podríamos relacionar con la cámara de gas, el simulacro de asfixia, o el corredor de la muerte. Mencionar la muerte por crucifixión hacía pensar en una sensación de vergüenza y degradación, bochorno y horror. Solamente los criminales más terribles, aquellos que habían ofendido brutalmente a la sociedad o quienes no tenían a nadie que saliera en su defensa, eran clavados a dos postes de madera y dejados allí para sufrir en agonía hasta que morían.

Incluso después de que Jesús regresó de la muerte y salió de su sepulcro vacío, la cruz siguió siendo un emblema del que solo se escuchaba entre susurros en la iglesia primitiva. Uno de mis himnos favoritos, "Aquella vieja cruz", no habría sido un canto que cantaban los primeros seguidores de Jesús para celebrar la muerte y resurrección del Salvador. En lugar de ser un maravilloso símbolo de victoria eterna sobre el pecado y la muerte, aquellos primeros cristianos seguían considerando la cruz un recordatorio de su pérdida temporal y la devastadora agonía que sintieron durante aquellos tres largos días antes de que Cristo resucitara de la muerte.

Aunque agradezco que ahora utilicemos la cruz como símbolo de adoración y reconozcamos su significado como el sacrificio de Jesús por nosotros, temo que pueda denigrar el sufrimiento de la cruz al no reconocer su peso aplastante en ese momento. El poder aplastante de la cruz era literal y también figurado. Dos de los relatos de los Evangelios (Marcos 15:21 y Lucas 23:26) mencionan que parece que escogieron a un hombre de entre la multitud y los guardias romanos lo obligaron a ayudar a llevar la cruz sobre los hombros sangrientos de Jesús: "Cuando se lo llevaban, echaron mano de un tal Simón de Cirene, que volvía del campo, y le cargaron la cruz para que la llevara detrás de Jesús" (Lucas 23:26).

Recuerdo visitar Jerusalén y recorrer el antiguo camino de empedrado que conecta la Fortaleza Antonia cerca del Monte del Templo, donde Pablo más adelante dio un sermón (Hechos 21:37), con el Gólgota, la colina de la calavera, donde Cristo fue clavado a su cruz, una ubicación tan enraizada en la historia que los cuatro Evangelios la mencionan (Mateo 27:33, Marcos 15:22, Lucas 23:33 y Juan 19:17). Se cree tradicionalmente que esa ruta es el camino que Jesús siguió, y se llama "la Vía Dolorosa".

Al caminar por aquel sendero empinado, estrecho y retorcido, no pude evitar preguntarme por la tortura de llevar un peso tan tangible como la cruz, que debía pesar muchos kilos. Una persona sana tendría que esforzarse para sostener tal carga y transportarla por ese camino de piedras, por no hablar de alguien que haya sido golpeado, vilipendiado y quebrantado como nuestro Señor. Experimentar esa caminata hizo que la realidad de la cruz fuera un poco más palpable.

Debido a la familiaridad de la cruz para nosotros como creyentes, sin embargo, me preocupa que haya sido reducida en su impacto, tan común como cualquier otro emblema, símbolo o marca icónica. Cuando la historia de la muerte y resurrección de Jesús se vuelve tan familiar como las fábulas de Esopo, pasamos por alto lo que debió de haber sido para los discípulos que bajaron de aquel madero su cuerpo fallecido y empujaron con fuerza sus brazos rígidos para que reposaran sobre su pecho mientras sentían la frialdad de su piel y la dureza de su cuerpo. Las manos que antes sanaban a los enfermos y los pies que caminaron sobre el agua se sentían tan fríos y sin vida como las piedras a lo largo de la Vía Dolorosa.

Él se había ido. Y con su muerte también se fueron los sueños de ellos. Su Maestro ya no estaba, y no hubo más discusiones sobre quién se sentaría a su lado derecho o izquierdo. Él no estaba. Y ellos debieron haberse preguntado qué sería de ellos, ¿estos hombres que habían pasado tres años alejados de sus familias, sus empleos, sus profesiones, por un reino que terminó en una cruz?

Como el aplastamiento de las uvas, lo que era tan hermoso, el Mesías, el Verbo hecho carne, la Encarnación, quedó reducido a un cadáver sin vida. Justamente antes de ser aplastadas, cuando están en su máximo esplendor, llenas de un sabor maduro, jugoso y bañado por el sol, llenas de dulzura y néctar como ningún otro fruto, las uvas se convierten en cáscaras, restos de su gloria antes de ser pisoteadas. De repente, ya no hay ninguna belleza en ellas.

Y en esos momentos oscuros es cuando consideramos cómo (no si) seremos algunas veces capaces de volver a levantarnos y seguir adelante. Nos conocemos a nosotros mismos solamente como cáscaras vacías de los sueños etéreos que antes impulsaban nuestra alma. Pero cuando fermentamos y nos convertimos en vino, nunca debemos olvidar que lo que éramos antes no es nada comparado con lo que estamos llegando a ser.

Nunca debemos olvidar que lo que éramos antes no es nada comparado con lo que estamos llegando a ser.

Regalo desde el sacrificio

Nunca he conocido a nadie que sea increíblemente exitoso y que no tuviera algún lugar oscuro, vergonzoso y horrible por el cual ha soportado, y sufrido y agonizado, lleno de temerosa ansiedad de que quizá no podría sobrevivir. Y entonces, finalmente, de manera lenta y gradual, mediante la tenacidad, la intervención divina y el apoyo de otros, también esa persona se mostró con vida.

Comienza a sentir otra vez su fuerza. Se da cuenta de que nunca será la misma persona, pero ¿y si pudiera continuar? ¿Y si pudiera surgir algún diamante del peso aplastante aplicado a su alma? ¿Y si pudiera extraerse alguna perla de gran precio del cascarón de quien antes fue?

Cuando Jesús resucitó de la muerte, fueron las mujeres quienes primero vieron el sudario arrugado, como la manta apartada de un durmiente de Aquel que había despertado de la muerte y había regresado a la vida. Aquellas mujeres fueron las primeras, no porque estaban tan llenas de fe que esperaban encontrar esa escena. No, habían ido al sepulcro de su querido Maestro por lealtad, para decorar el hedor con incienso y mirra.

Pero su lealtad y devoción me intrigan. Ellas no expresaron decepción sobre ubicación, posición o política; se negaron a quejarse sobre su vulnerable inversión en esta empresa espiritual que ahora parecía burlarse de ellas desde la cruz. No, aquellas mujeres se mantuvieron leales a lo que Él solía ser, sin esperar otra cosa sino proteger su imagen de los transeúntes, permitirse un último acto de amor y respeto hacia Jesús de Nazaret.

Imaginemos su sorpresa, consternación y confusión cuando descubrieron que no había ningún cadáver, ningún cuerpo, ninguna señal de Él. El sepulcro había sido abierto. La piedra había sido removida. Él no estaba allí. ¿Qué significaba eso?

Ellas llevaron el mensaje a los hombres. Las primeras portadoras de la noticia del evangelio fueron mujeres. Y no se recibió con regocijo, porque ¿quién iba a creer algo tan fantástico? Uno puede descender tan bajo que la gente no creerá que puede salir, de modo que su noticia fue recibida con incredulidad y apenas una curiosidad escéptica. Pedro y Juan corrieron para ver si aquello podía ser cierto o era solamente otra imaginación fabricada.

Entraron y...¡nada! Salieron del sepulcro, asombrados por lo que vieron. Él había resucitado. No lo que ellos esperaban y sin embargo...sin duda, sus mentes debieron correr a toda velocidad mientras intentaban procesar ese giro de acontecimientos tan asombroso e impensable. Todos los momentos con su Maestro de repente tenían que ser repasados y recalibrados. ¿Era eso a lo que Jesús se refería todo el tiempo?

Cristo no solo resucitó de la muerte por la salvación de cada individuo, sino que también regresó para traernos poder de resurrección mediante el Espíritu Santo a nosotros colectivamente, como su cuerpo, su novia, la comunión de creyentes conocida como la iglesia. La mayoría de los teólogos e historiadores de la iglesia consideran Pentecostés el punto de inflexión para el nacimiento de la iglesia. En Pentecostés, los creyentes se reunieron para orar y adorar, y recibieron el regalo del Espíritu Santo que infundió en sus mentes, sus corazones y sus cuerpos poder de resurrección divina.

Y cuando comenzamos a hablar sobre el glorioso poder de Pentecostés que dio nacimiento a la iglesia, debemos entender que Pentecostés encendió su reloj desde el lugar ensangrentado y desolado de la Pascua. Pentecostés fue un lugar donde se reunieron los labradores para llevar las gavillas y cosechar los beneficios del trabajo de su labor. Solo cincuenta días desde el ensangrentado momento crítico del tiempo y la historia, Pentecostés reveló el regalo que emergía del sacrificio más precioso de Dios.

Mire usted mismo

Este nacimiento del cristianismo en Pentecostés y el crecimiento y evolución de la iglesia primitiva me siguen fascinando. No sé de ninguna otra creencia que use una imagen tan horrible como emblema de esperanza, un símbolo tan despreciable como un amado indicador de su devoción. No puedo evitar preguntarme si quizá la cruz nos recuerda que sin quebrantamiento no hay vino, sin crucifixión no hay corona, sin dolor no hay poder, sin sufrimiento no hay éxito.

Él se apareció vivo durante cuarenta días con muchas pruebas infalibles, no para convencer a un mundo que ya había cambiado de opinión, no para persuadir a los romanos que pensaban que habían resuelto el problema, sino para marcar de modo indeleble a su rebaño con su este punto poderoso y profundo que dice que el quebrantamiento no es el final.

Jesús se apareció vivo porque es importante que las personas vean que hay algo al otro lado de la pobreza, la vergüenza, la deshonra, el sufrimiento y la muerte. No habría sido suficiente con que Él resucitara si no hubiera testigos. Ellos tenían que ver que el sepulcro estaba vacío.

Jesús se apareció vivo porque es importante que las personas vean que hay algo al otro lado de la pobreza, la vergüenza, la deshonra, el sufrimiento y la muerte.

Testigos de su cuerpo resucitado, vivo y que respiraba, dieron nacimiento a la iglesia, y el impacto de su quebrantamiento se difundió por todo el mundo. Cristo se reveló entre ellos poco menos de cinco semanas para aparecerse vivo en varios lugares, puntos y momentos para marcar en su pensamiento que este proceso del que habían sido testigos tiene propósito, un propósito mayor que el de revertir sus propia decepción e incredulidad. Quizá fue porque Él sabía que también ellos tendrían cruces que llevar, dolores que soportar, y vergüenza de la cual debían ser liberados. Quizá fue debido a su consciencia omnisciente de lo que usted y yo, y quienes nos rodean, vamos a experimentar en este mismo momento.

Después de todo, usted y yo compartimos nuestros dolores personales, crisis y dilemas, y decimos que somos creyentes, pero ¿qué es creer si no creemos que hay algo más allá del dolor que quizá sentimos en este momento? ¿Cuál es el caso? Debemos ver nosotros mismos al Cristo vivo y resucitado.

Cuando enfrentamos los momentos más oscuros de nuestra vida, hay algo al otro lado de ellos.

Pablo dice que la "esperanza no nos defrauda" (Romanos 5:5). La esperanza promete que hay algo al otro lado de la vergüenza que es un antídoto contra ella. Si no tenemos esperanza, entonces somos los más miserables de todas las personas.

Hay vergüenza en cada mala decisión, divorcio, bancarrota, escándalo, resignación, nacimiento no planeado, e inmoralidad al descubierto. Pero si podemos beber de la copa de la esperanza, entonces este sufrimiento presente no es digno de ser comparado con la gloria que será revelada en nosotros. Por lo tanto, cuando recordamos el cuerpo y la sangre de Jesús en la Comunión, levantamos la copa llena de vino y no solo conmemoramos su muerte, sino que también celebramos su resurrección. Solo al aplastarlas, esas uvas pueden convertirse en vino en esa misma copa.

Del viñedo a la victoria

Hemos visto que las uvas deben ser aplastadas para producir vino, pero ¿cómo exactamente se convirtió la cruz en el símbolo tan amado de nuestra fe? Investigando un poco, descubrí que Elena, la madre del emperador Constantino durante el siglo IV, supuestamente emprendió una búsqueda para encontrar la cruz real sobre la que había muerto Jesús. Buscó en el mundo conocido hasta que encontró que lo que ella creía que era el antiguo objeto de madera, que había comenzado a astillarse y agrietarse. Pero ¿qué hacer con ello? ¿Cómo podía ella difundir el evangelio cuando encontró lo que había estado buscando?

Elena tomó varias astillas de la madera y se las envió a creyentes e iglesias por todo el mundo. Con esos fragmentos de madera, personas en todo el mundo comenzaron a venerar la cruz y a contemplar su realidad. Ver parte de la cruz real hizo que las personas oraran y adoraran. Gradualmente, la cruz comenzó a representar algo sagrado, sacrificial y sacramental.

Antes de la búsqueda y la distribución de Elena, la cruz solamente marcaba un lugar de agonía. Pero cuando su presencia se difundió gracias a Elena, la cruz se convirtió en un emblema del quebrantamiento de Cristo y del vino nuevo producido cuando Él salió del sepulcro. La cruz pasó de ser un objeto de atrocidad a convertirse en un icono de adoración.

La cruz se convirtió en un emblema del quebrantamiento de Cristo y del vino nuevo producido cuando Él salió del sepulcro.

Tal transformación es de por sí un mensaje crucial. Imaginemos si la silla eléctrica o la cámara de gas ¡hicieran que la gente se arrodillara sin tener ningún pensamiento del horrible propósito que una vez tuvo! Pero en efecto, eso es exactamente lo que sucedió con la cruz. Ninguna otra religión en la historia ha usado jamás un emblema de horror como su marca perdurable.

Pensemos en cualquier otra religión, país o empresa que anunciara su vergüenza y horror y lo utilizara como marca, y sin embargo tenemos a muchos cristianos que parecen asombrarse cuando pasamos por tiempos difíciles. Toda la marca, sin embargo, se trata de vencer la vergüenza.

Nuestro llanto dura una noche, pero el gozo llega en la mañana. Lo queramos o no, todos debemos agarrar algún tipo de cruz y seguir a Jesús hacia el sufrimiento.

Y cómo cambió la percepción que tenía la gente de la cruz destaca con la misma radicalidad. Las acciones de Elena tanto como las de cualquier otro hicieron que las buenas noticias se difundieran y aceptaran por todo el mundo. ¿No es irónico que Dios utilizó a mujeres para transformar cómo vemos la cruz, igual que utilizó a mujeres para llevar el mensaje de la resurrección de Cristo a los hombres, y todavía seguimos debatiendo dónde, cuándo y cómo puede utilizar Dios a las mujeres para ministrar? Qué asombroso que, si no hubiera sido por mujeres, la historia no habría comenzado en un principio. Las mujeres en aquella época vivían en una sociedad tan misógina que no puedo evitar pensar que se relacionaban con Jesús debido a su propio quebrantamiento. Hay una comunión especial entre quienes conocen el dolor del sufrimiento.

Sí, todos tenemos nuestra cruz que llevar. Un matrimonio fallido, un hijo con necesidades especiales, una herida debilitante, una enfermedad crónica, una deuda insoportable. Todos pasamos por el quebrantamiento, pero nunca debemos olvidar que el quebrantamiento no es el final. Pasamos de la viña al barril, y a la victoria.

Pero aferrarnos a esa verdad puede ser muy difícil cuando todo lo que nos rodea se escabulle. Cuando me casé con mi esposa, yo tenía un auto, un buen empleo y un lugar donde vivir; pero poco después de dar el "sí quiero", mi auto quedó en pérdida total, mi empresa había cerrado, y me encontré batallando para comprar comida para alimentar a nuestra familia. Utilizábamos toallitas de papel y cinta de embalar para hacer pañales para nuestros hijos. Reciclábamos botellas y latas de refresco para obtener las monedas suficientes hasta poder comprar algunas provisiones. Puedo recordar detenerme a un lado de la carretera para agarrar manzanas bajo un árbol en el borde de los bosques. Nunca olvidaré las noches que estaba despierto mirando al cielo y preguntándome si alguna vez podríamos superar nuestras luchas.

Nunca olvidaré regresar a casa una noche después de la iglesia y descubrir que la compañía eléctrica nos había dejado sin electricidad en nuestra casa. No pude soportar decirles a nuestros hijos, que eran muy pequeños entonces, por qué estábamos a oscuras, así que en cambio improvisé sobre la marcha y les dije que era un juego. Yo había apagado todas las luces y quien pudiera meterse en la cama sin golpearse los dedos de los pies sería el ganador. No quería que mis hijos se criaran pobres y se sintieran limitados por esa consciencia. Quería que ellos supieran que era posible ser personas de color y tener más lo que yo podía mostrarles en aquella época. No sabía cómo, pero sabía que tenía que soportar más allá del quebrantamiento y confiar en que había vida detrás de ese sepulcro.

Unos años después, cuando escribí mi primer libro y mi ministerio estaba despegando, compré una casa bonita con una alberca cubierta, lo cual fue irónico porque yo no sabía nadar. Pero acercaba una silla y veía a mis hijos chapotear y jugar, y me causaba el mayor gozo mostrarles que había más. Me gustaría que mi padre pudiera haber vivido lo suficiente para ser testigo de esa escena y disfrutar del vino que estaba siendo abierto desde el quebrantamiento que él había soportado por mí.

Él solía llevar a nuestra familia a hacer recorridos las tardes de los domingos, cruzando barrios elegantes de gente blanca para señalas las casas que él limpiaba durante la semana. Describía las alfombras y cortinas de cada una, los muebles y el color de las habitaciones. Muchas de ellas a menudo tenían las pequeñas estatuas de negritos cerca del sendero de entrada o en los jardines muy bien cuidados. Recuerdo preguntarme qué pondríamos nosotros en nuestro jardín o al borde de nuestros senderos algún día si alguna vez teníamos una casa tan grandiosa.

No soy el único que batalla para ver vida más allá del sepulcro. Recuerdo visitar en una ocasión a Coretta Scott King y admirar su lujoso apartamento en Atlanta. Cuando su casa explotó décadas antes y la fuerza de la explosión lanzó su espalda contra la pared de la cocina, ella no podía saber que un día estaría compartiendo el trauma como una historia de supervivencia desde un lujoso hogar en la ciudad donde su vida antes estuvo en peligro. Pero cuando su quebrantamiento fermentó en el vino de la experiencia, sabiduría e influencia, descubrió un sabor que no podía haber previsto en el momento de su quebrantamiento.

Cuando su quebrantamiento fermentó en el vino de la experiencia, sabiduría e influencia, descubrió un sabor que no podía haber previsto en el momento de su quebrantamiento.

Incluso después de que su dolor haya fermentado y se encuentre en una nueva ubicación, un nuevo empleo, una nueva relación o un nuevo estilo de vida, seguirá batallando. Como el vino que es derramado desde los barriles a las botellas para ser enviado, comprado y consumido, debemos aprender a estar contenidos por nuevas figuras. Jesús dijo: "Nadie remienda un vestido viejo con un retazo de tela nueva, porque el remiendo fruncirá el vestido y la rotura se hará peor. Ni tampoco se echa vino nuevo en odres viejos. De hacerlo así, se reventarán los odres, se derramará el vino y los odres se arruinarán. Más bien, el vino nuevo se echa en odres nuevos, y así ambos se conservan" (Mateo 9:16-17).

Odres nuevos

En lugar de contener nuestro vino nuevo en botellas, me temo que algunas personas nunca salen de los barriles de fermentación. Con demasiada frecuencia en nuestro país y su cultura actual, el quebrantamiento se ha convertido en un ciclo desesperanzado del cual no hay salida. Si es usted quebrantado el tiempo suficiente, acepta ese peso como su realidad en lugar de una situación temporal. Logra sentirse cómodo en un lugar de quebrantamiento y nunca cree realmente que el quebrantamiento no es el final.

Sea un niño hambriento en el Oriente Medio, una mamá soltera que está criando a sus hijos en la parte sur de Chicago, o alguien que vive en las partes más complicadas de Soweto en Sudáfrica, nunca es fácil. Si nunca ha visto a nadie que se parezca a usted y haya logrado salir, entonces el quebrantamiento se queda y se convierte en su mundo. Todo aquel en su burbuja que escapa y regresa para dejar pistas, sin embargo, hace entender a la generación siguiente que al menos es posible liberarse del quebrantamiento.

Cuando escucho los debates actuales sobre los estados del Cinturón Industrial y el triste abandono que sienten tras el cierre de la industria, las empresas locales que cerraron, y la frenética necesidad que tienen sus residentes de que alguien en la Casa Blanca los escuche, entiendo su desesperación.

Yo entro en el centro de las ciudades de Chicago, Baltimore y Los Ángeles, y aunque esos habitantes urbanos quizá no conocen o ni siquiera les caen bien sus homólogos en las zonas centrales, ambos comparten y expresan la misma desesperación, el trauma de estar clavados a una cruz de la cual no pueden liberarse, olvidados como la pulpa aplastada de una uva que se deja atrás para que se pudra.

Al ser de West Virginia y estar casado con la hija de un minero del carbón, veía las bonitas casas de ladrillo de los mineros y sus familias desintegrarse hasta convertirse en viviendas en ruinas y caravanas andrajosas. La pobreza, como la intolerancia, no respeta a nadie y puede consumir a cualquiera. Si suponemos que la desgracia de otros nunca puede tocarnos, entonces somos tan ingenuos como las ciudades que una vez creyeron que el virus del Ébola nunca podía contaminar sus comunidades. Hasta que entendamos nuestra condición compartida, nunca seremos realmente libres.

El proceso de transformación para todos nosotros comienza con cada uno de nosotros. Después de haber soportado nuestro quebrantamiento, cuando ha pasado algún tiempo y hemos experimentado una perspectiva que fermenta nuestro dolor y lo convierte en poder personal, entonces debemos comenzar nuestra vida como vino nuevo. Debemos aceptar que nada volverá a ser igual. No podemos reclamar, reparar o reciclar lo que ha sido perdido o roto. Debemos comenzar de nuevo sabiendo que tenemos vino nuevo que ofrecer. Igual que Lázaro de regreso a la vida y saliendo del sepulcro, debemos quitarnos de nuestro cuerpo el sudario mortuorio.

El proceso de transformación para todos nosotros comienza con cada uno de nosotros.

Es tiempo de dejar de vivir en el pasado.

Es tiempo de dejar atrás su sepulcro.

Es tiempo de probar el vino nuevo que Dios está produciendo en su vida.

CAPÍTULO 11

Fermentación espiritual

Pasar tiempo con Dios pone todo lo demás en perspectiva.
—R. A. Torrey

El Monte del Templo era un hervidero de energía por todos los turistas que descendían al lugar más visitado en Jerusalén. Las tres fe abrahámicas (judaísmo, cristianismo e islam), aunque divergentes en cómo se acercan a Dios, se entrelazan una con otra en esta ubicación. Hay un efecto unificador en el Monte del Templo, que causa que la mayoría de las personas que visitan el lugar se traten unas a otras con dignidad y respeto. Sin duda, en el caso de que alguien se enfurezca, estoy seguro de que los guardias de seguridad bien armados habrían estado más que contentos de recordar su lugar a cualquiera y a todos los presuntuosos y apartarlos si es necesario.

Sin una sola nube en el cielo azul celeste, el día resplandecía como una joya bajo la luz del sol. Era la primera vez que visitaba Jerusalén, y no podría haber orado por un clima mejor. Mi familia y yo nos acercábamos al Muro oriental, la única estructura que permanece de lo que solía ser el templo de Herodes.

Más conocido para otros como el Muro de los Lamentos, se erige a más de sesenta pies (18 metros) de altura y 1600 pies (487 metros) de longitud. Todo el patio estaba lleno de turistas que tomaban fotografías y quienes meramente buscaban conseguir una vislumbre personal del lugar más santo en el judaísmo.

Junto con varios otros puntos de interés sobre el Muro, sobresalieron dos para mí. Uno trataba de una curiosa tradición: las personas escriben sus oraciones en papel y las insertan en las grietas del muro. Al haber viajado desde mi casa recorriendo la mitad del mundo, sabía que no sería posible que me perdiera la oportunidad de escribir mi propia oración y contribuir a las más de un millón de oraciones que llegan al Muro cada año. Aunque entiendo que puedo orar en cualquier lugar y en cualquier momento y sé que el Maestro escucha incluso mis lamentos más indiscernibles, le estaría mintiendo si le dijera que no sentí un potente aluvión de emociones cuando puse mi propia oración escrita a mano dentro de una de las grietas del Muro.

Además del sepulcro, el Gólgota y la Vía Dolorosa, el Muro de los Lamentos fue uno de esos lugares durante mi recorrido por Jerusalén que hizo brotar mis lágrimas. Saber que caminé donde Jesús estuvo, enseñó, murió y fue sepultado produjo en mí sentimientos que incluso mi extenso vocabulario no puede describir. Fue suficiente para hacerme estallar en adoración espontánea del Maestro, y estoy bastante seguro de que yo no era el único que se sentía así.

Puse mi oración en el Muro, pero al retirarme, observé la segunda cosa sobre el lugar que mantuvo cautiva mi atención: los judíos ortodoxos que visitaban el Muro. Como todos los demás, ellos llevaron sus oraciones, escogieron una grieta, y las insertaron. Entre sus otros rituales de rezo allí, captaron mi atención por cómo movían sus cuerpos. Mientras oraban, cada uno de ellos se balanceaba delante y atrás, moviéndose continuamente. Al pensar en mis propias conversaciones personales con Dios, no podía recordar una sola ocasión en la que me hubiera balanceado como ellos lo hacían. Como pastor de un megaministerio, estoy acostumbrado a esos momentos cuando el Espíritu Santo toma el control. Cualquier movimiento realizado durante esos tiempos, sin embargo, tiende a ser espontáneo y no se repite regularmente como, por lo que pude ver, lo hacían sus actos.

Me dirigí a mi guía, que estaba a poca distancia, y él observó mi expresión peculiar y sonrió. Anticipando mi pregunta, dijo: "Se balancean como homenaje a cómo se movió Dios con ellos en el desierto. Dondequiera que iba el pueblo de Israel, Yahvé iba con ellos".

Al instante, mi mente y mi corazón crepitaron de emoción cuando el predicador y maestro en mí reconoció el nuevo sermón que me había dado el guía en menos de cinco segundos. Sonreí ante su respuesta y miré a mi esposa, quien supo automáticamente lo que yo estaba pensando: Dios, el Creador todopoderoso del universo, anduvo *con* Israel. Él vivió y se movió entre sus hijos en medio del desierto, guiándolos en su viaje.

Dios, el Creador todopoderoso del universo, anduvo con *Israel. Él vivió y se movió entre sus hijos en medio del desierto, guiándolos en su viaje.*

Ahora bien, quizá le parezca intrascendente o esotérico, pero mi mente daba vueltas y vueltas con todo lo que había tenido lugar antes de que el Maestro incluso se permitiera a sí mismo acercarse a su pueblo escogido. Lo que más me intriga sobre las características del Señor es su disposición no solo a moverse *con* su pueblo, sino también su inclinación a reubicar a sus escogidos (apuesto a que usted, o yo, o a otro) antes de poner en efecto su plan.

¿Puede ver por qué importa esto?

La mano y la presencia de Dios están en primer lugar y en el centro en cualquiera y cada etapa de nuestro quebrantamiento.

Mirar sus días de calamidad y no ver a Aquel que ha prometido no dejarle ni abandonarle nunca es hacer que abandone la esperanza en que la vida mejorará. Por lo tanto, si vemos a los judíos ortodoxos en constante movimiento mientras están en medio de sus oraciones para mostrar respeto al hecho de que Dios se movía con Israel en el desierto y antes de que los hijos de Israel fueran liberados de la tenaza de Egipto, ¿acaso sus acciones no nos ruegan que prestemos atención? ¿No deberíamos buscar la presencia de Dios en nuestros propios movimientos y transiciones en la vida? Y si lo buscamos, ¿cómo podemos encontrarlo?

Movimiento perpetuo

Para responder a esas preguntas, creo que debemos considerar lo que significa pasar tiempo con Dios, llegar a conocerlo y comunicarnos con Él. Aunque el tiempo otorgado a nuestras numerosas responsabilidades requiere toda nuestra atención, yo aprendí rápidamente como adulto que también necesito apartar tiempo para mí mismo y mi familia. Dar todo de usted mismo a todos y a todo lo demás y dejar poco, si es que algo, de usted para su familia y usted mismo es hacerle un mal servicio a su futuro y su destino. Hay que decir algo sobre el valor de estar a solas y tomar un receso de todo. No tiene sentido llegar al fruto de su destino y tener pocas o ningunas fuerzas para caminar en él.

Me sorprende que algunos individuos aborrecen el concepto de estar a solas consigo mismos. Necesitan desesperadamente la presencia de otros, incluso si es tóxico estar cerca de esas personas. Sin duda, la humanidad es una especie comunal, y no estoy eliminando esa verdad. Cada uno, sin embargo, debe aprender el valor, las cualidades sanadoras, e incluso la necesidad de estar a solas para descansar, recargar, recibir perspectiva divina, y purgar lo que le haya estado afectando. Estar siempre rodeados de personas y estar en la presencia de otros evita que experimentemos las bendiciones que se encuentran solamente en la soledad.

Como una persona cuyo calendario a menudo está lleno con asistir a reuniones consecutivas, cumplir con multitud de citas, cumplir con citas como conferencista, supervisar producciones de cine y música, escribir libros, aconsejar a otros, viajar a otros países y atravesar distintas zonas horarias, dirigir un megaministerio, y predicar el evangelio casi cada domingo del año en The Potter's House, estoy aquí para decirle que no puede permitirse no tener tiempo de descanso. Si cree que mi esposa, Serita, toleraría que yo entregue a los demás cada aspecto de mí y no deje nada para ella y nuestros hijos, está totalmente equivocado. De hecho, ella y mi familia están primero. Es una de las principales razones por las que ella y yo hemos disfrutado de más de treinta y cinco años de matrimonio. Por lo tanto, es absolutamente necesario que me conceda a mí mismo el lujo de retirarme de cada demanda que mi llamado y vocación requieren de mí.

Usted debe hacer lo mismo y sacar tiempo para descansar como prioridad. Incluso más concretamente, debe descubrir que ciertas bendiciones y bienes se encuentran solamente en el descanso. Mejor aún, algunas ventajas emergen exclusivamente en la soledad y mientras está a solas. Yo pienso mis mejores ideas cuando estoy a solas, y me muevo más rápidamente sin el peso de otras responsabilidades y distracciones. Además, al Padre le gusta hablar, especialmente cuando no hay distracciones entre nosotros dos.

El Labrador reconoce el valor del aislamiento, porque Él valora la cosecha y el vino que producirá su fruto. He observado que Él tiene tendencia a mover y reubicar de multitudes o entornos familiares a individuos escogidos para completar tareas para su reino. Es raro que veamos a Dios llamando a alguien a un destino único y que permita que esa persona se quede donde siempre ha estado. Me resulta difícil pensar en un ejemplo.

El Labrador reconoce el valor del aislamiento, porque Él valora la cosecha y el vino que producirá su fruto.

Es casi como si Él deseara cultivar algo en su interior.

Vemos este patrón a lo largo de la Escritura. Noé, el primer labrador, experimentó su propia soledad cuando fue llamado a construir el arca. A Abraham se le dijo que dejara la tierra de sus padres a cambio de un lugar que Dios le mostraría antes de hacer un pacto con Abraham. José fue vendido como esclavo por sus propios hermanos y, mientras estaba lejos de su familia, Dios lo formó para dirigir Egipto. Moisés, tras haberse convertido en un asesino, fue llevado al desierto donde tiene un encuentro con Dios y recibe sus órdenes de ser la voz y el libertador para liberar a los hijos de Israel. David, considerado el enano de su familia, estaba solo durante su entrenamiento en la práctica que lo preparó para ser el rey de Israel que sucedería a Saúl. Y ya hemos hablado de un aspecto microscópico y a la vez significativo del tiempo de soledad de Jesús y de sufrimiento en el Huerto de Getsemaní. Los Evangelios están repletos de ocasiones de Jesús retirándose para estar a solas y orar.

Para el ojo inexperto, todo esto parecería como vagar y caminar sin un propósito. ¿Podría haber algo más, sin embargo?

Vemos que estar a solas durante un tiempo es valioso ante los ojos de Dios, pero no quiero que usted insista en la soledad de la que hemos hablado antes. Estoy llamando su atención a la tendencia de Dios a situarlo a usted en la posición y el lugar que sean más estratégicos para su voluntad mientras usted experimenta la sensación de estar perdido. Él no hace eso solo para prepararle; lo hace porque lo primero que vemos hacer a Dios cuando lo conocemos inicialmente en el primer capítulo de Génesis es moverse, incubar, soplar y moverse sobre la oscuridad y el vacío que existían antes de que Él llamara al orden a la nada sin forma y ordenara que la luz saliera a la escena.

Por lo tanto, ¿qué nos dice esto?

Sencillamente, no servimos a un Dios estancado, inmóvil, latente u ocioso. Desde la primera vez que lo encontramos, vemos que Dios siempre está en movimiento. El movimiento de Dios sugiere progreso y propósito. Y aunque puede que Él esté en silencio durante ciertos periodos, debemos aceptar el hecho de que nuestro Dios es un Dios en perpetuo movimiento. Ahora bien, si vemos que Dios siempre se mueve con propósito, ¿quiénes somos nosotros para pensar que seríamos diferentes al Maestro que nos creó? Dios nos moverá para cumplir su meta y propósito supremos en y para nuestras vidas.

Dios nos moverá para cumplir su meta y
propósito supremos en y para nuestras vidas.

Tal como vemos a Dios moverse, de modo similar vemos que Él mueve a Jacob (cuyo nombre fue cambiado a Israel) y a sus hijos a Egipto. Allí, maduran y se convierten en una nación. Más adelante, Dios los saca de allí para poder desarrollar una relación con ellos. Él hace lo mismo en nuestras vidas. Independientemente de las adversidades que nos visitan en nuestra vida, Dios se sigue moviendo por nosotros. Le garantizo que podría ser difícil rastrearlo a Él en nuestros momentos de problemas, pero es entonces cuando se vuelve absolutamente necesario que confiemos en Él.

Aunque no quiero que se quede en estar en el lugar de soledad con Dios, debemos retroceder y entender el concepto porque estamos a punto de ver que Dios hace la mayoría de sus movimientos en nuestras vidas cuando estamos a solas con Él y sin distracción. En esencia, hay un matrimonio que existe entre los dos y que nos resulta totalmente necesario graduarnos en el siguiente nivel en el proceso de nuestro quebrantamiento. Porque en ese espacio de vagar sin interferencia es cuando comenzamos a descubrir indicaciones de la voluntad del Labrador para nuestras vidas.

Un rey en marcha

Debemos recordar que hacer vino es un proceso. Debido a ese pensamiento, sin vacilación o duda puedo decirle sinceramente que el que Dios le reubique en un lugar de soledad es para poder prepararlo para que haga lo que Él le ha llamado a hacer. Si está mirando alrededor a los diversos aspectos de su vida y ve extendido aislamiento o soledad, sepa que está siendo desarrollado para algo especial, y el Maestro quiere interferir en el proceso. Por desgracia, la separación a menudo conlleva cierto grado de dolor porque cada uno de nosotros, a cierto nivel, requiere interacción con otro ser humano. Después de todo, incluso el Maestro dice que no es bueno que el hombre esté solo permanentemente. Por fortuna, en esos momentos en que estamos en soledad se muestra el hábito de Dios de comunicarse con nosotros.

Ya he compartido algunos de mis ejemplos personales de estar despierto en la noche intentando solucionar algunas circunstancias desafiantes. Pero además de pensar, sentir y dolerme por las situaciones que dieron como resultado mis noches de inquietud sin dormir, también experimenté otra cosa. Tras cansarme de caminar a un lado y a otro, me aquietaba y escuchaba buscando la voz suave de Dios de dirección o corrección.

Dios nunca falló en hablarme. Oh, quizá esperó para hacerlo, pero Él nunca ha dejado de comunicarse conmigo; más bien, descubrí que tenía que permitir a Dios ser Dios y comunicarse conmigo de la manera que Él considerara mejor para el momento. Tras silenciar la fuerte angustia de mi mente, lo oía a Él pronunciar palabras de paz a mi alma angustiada y ofrecer pasos que, una vez ejecutados, me hacían preguntarme por qué me había preocupado tanto en un principio. Le digo que hay algo acerca de la presencia de Dios y su capacidad de impartir visión, identidad y paz en esos tiempos de incertidumbre.

*Descubrí que tenía que permitir a Dios ser
Dios y comunicarse conmigo de la manera que
Él considerara mejor para el momento.*

¿Podría ser que Él estuviera haciendo lo mismo con Israel cuando salieron de Egipto y vagaron por el desierto? ¿Estaba Dios usando su viaje como una herramienta para hacerles entender el punto de que lo único que necesitamos es a Él? Y si nuestras necesidades son derrotadas y se nos da propósito e identidad en la presencia de Dios, ¿es nuestro vagar realmente vagar? ¿Podría tener realmente un propósito nuestro constante movimiento?

Para encontrar respuestas, consideremos otra pregunta más importante: ¿cuál fue el propósito de libertar a los hijos de Israel? Han existido esclavos en cada continente habitable en el planeta y, desgraciadamente, la esclavitud sigue existiendo hoy de diversas formas. ¿Qué hizo tan especiales a los hijos de Israel? Responder que ellos eran el pueblo escogido de Dios solamente plantea la pregunta: *Escogidos, ¿para qué?* Sabemos que Dios usó a la nación de Israel como un ejemplo para otras naciones del mundo, pero esto sugiere que Dios tenía en mente algo específico cuando los escogió.

A su vez, tenía que haber una razón por la cual Él deseara tanto su libertad. Si leemos el libro de Éxodo con atención, observaremos la repetición de una idea en particular. Repetidamente, Dios utilizó a Moisés para decir al faraón que liberara a los israelitas para que ellos pudieran ir a adorarlo a Él. Una y otra vez leemos esas palabras, y me inclino a creer que esa es precisamente la razón por la que Dios liberó a los hijos de

Israel. No fue solo para que fueran libres; más bien fue para que pudieran adorar a Dios y tener una relación personal con Él.

Espero en Dios que veamos la validez de esta afirmación en nuestras propias vidas, porque Dios no libera meramente a alguien por el concepto de libertad. Como ser humano, ser libre de algo o de alguien es ser un siervo de algo o alguien más porque fuimos creados para servir en amor. En esencia, todos adoramos algo. Y si usted va a adorar algo, bien podría ser a la única persona digna de adoración ¡Dios! Dios nos saca de la esclavitud a nosotros mismos, a nuestros pecados, nuestras inclinaciones, y nuestras adicciones para que vayamos a adorarlo a Él en lugar de lo que anteriormente nos dominaba.

Desde la esclavitud de los hebreos bajo los egipcios hasta la esclavitud de afroamericanos a manos de comerciantes europeos, e incluso esos individuos que han soportado en la actualidad el tráfico de seres humanos, soy de la opinión de que Dios nos saca de lo que nos ha retenido para que podamos ser llevados a los brazos de Aquel que nos ama. Cualquier cosa de la que el Maestro le saque a usted es un vientre que lo retuvo en otro mundo. Sin embargo, cuando ese vientre se abre, siempre surge adoración y comienza el ministerio. Con esto en mente, tenemos una mejor comprensión de las palabras de Pablo cuando dice: "Cristo nos libertó para que vivamos en libertad. Por lo tanto, manténganse firmes y no se sometan nuevamente al yugo de esclavitud" (Gálatas 5:1).

Ante los ojos de Dios, Él no nos está *liberando de…*; nos está haciendo *libres para…* Libres ¿para qué? Libres para adorarlo a Él y tener una relación con Él. Dios libera a los hijos de Israel a un nivel espectacular, un nivel que ha impulsado la producción de películas ganadoras de premios de la Academia a efectos especiales y canciones que apenas tocan lo que la liberación milagrosa de verdad debió haber sido. Dios liberó a Israel de modo tan poderoso de la esclavitud, que Miriam agarró un pandero y comenzó a tocarlo para la gloria de Dios, porque quienes antes los oprimían a ella y a sus compatriotas fueron ahogados y nunca más volvería a oírse de ellos.

Ante los ojos de Dios, Él no nos está liberando *de…; nos está haciendo* libres para…

Pero esto fue solamente parte de la ecuación. Tenemos la libertad de la esclavitud, pero ¿dónde entran en juego la adoración y la relación? Yo creo que lo vemos en el movimiento de Dios con los hijos de Israel cuando ellos vagaron por el desierto durante cuarenta años. Él no solo se movía con ellos; ¡Dios los enamoraba!

Enamorados por el Labrador

¿Cuándo fue la última vez que tuvo usted una cita? No me refiero simplemente a reunirse con alguien nuevo. Hablo de darlo todo y preparar la escena para una experiencia con y para la persona que ama, creando un momento que nunca olvidarán. No lo pregunto para hacer surgir sentimientos de vergüenza para aquellos que hace tiempo que no tienen citas, y tampoco para alardear de sentimientos de logro para quienes las han tenido. Mi pregunta subraya la razón que hay tras las citas.

Aunque nuestra sociedad contemporánea ha cambiado lo que significa tener una cita con alguien, el ímpetu que hay tras la cita y el cortejo de un individuo es enamorarlo. Cuando se mira bajo esta luz, quien enamora llama a la persona que busca, a la que quiere amar y con quien desea mostrarse tal como es. ¿Recuerda el valor que descubrimos en estar a solas y cómo el Maestro liberó a Israel de las manos de su opresor? Desde allí, Israel va directamente al desierto, y el plan de Dios para ellos era que lo adoraran a Él y tuvieran una relación con Él. Dios hizo eso con su poderoso brazo, y entonces les mostró incluso más de sí mismo.

Los alimentó con pan y codornices directamente de su mesa mientras les daba agua de su roca, ofreciendo efectivamente a su pueblo una cena de restaurante de cinco estrellas. Todo eso sucedió cuando Él refrescaba a Israel durante el día con su nube que los guiaba y su romántico fuego que los calentaba en la noche. Dios *tuvo citas* con Israel en el desierto, mostrándoles una escasa cantidad de sus capacidades al amarlos cada día. Y cuando quiso estar cerca de ellos, Dios les dio las especificaciones de la ubicación donde se reuniría con ellos: *El Moed*, la tienda de reunión, o el tabernáculo de Moisés.

La tienda de reunión era transportable y se movía con todo el campamento. Allí, los sacerdotes ofrecían sacrificios diariamente, y el sumo sacerdote entraba en el Lugar Santísimo de la tienda una vez al año en nombre de Israel. Quizá recuerde que en el capítulo 6 vimos las instrucciones concretas que Dios dio para la construcción de este lugar, pero, por favor, entienda también que los cuarenta años en que Israel vagó por el desierto fueron algo más que una forma de castigo por su incredulidad en su Dios Libertador, lo cual destaca la Escritura (ver Números 14:34).

Sí, la incredulidad de Israel los condenó a vagar un año por cada día que se les permitió examinar la inmensidad y belleza de la bendita Tierra Prometida que Dios había jurado entregarles. Pero consideremos lo que condujo a Dios a llamar a

Abraham su amigo: el hecho de que Abraham creyó a Dios. Si la creencia de Abraham en Dios hizo que Dios quisiera entrar en una relación de pacto con él, entonces el viaje de Israel por el desierto debido a su incredulidad no era algo que Dios decretó simplemente porque le gusta torturar a la gente. Proverbios nos recuerda un motivo mayor: "Pues el Señor corrige a los que ama, tal como un padre *corrige* al hijo que es su deleite" (Proverbios 3:12, NTV, énfasis del autor).

Proverbios nos recuerda un motivo mayor: "Pues el Señor corrige a los que ama, tal como un padre corrige al hijo que es su deleite" (Proverbios 3:12, NTV, énfasis del autor).

Soportar el quebrantamiento

Si Dios corrige a los que ama, propongo que el viaje de Israel por el desierto no era solo porque Él estaba enojado con ellos. Su vagar se debía a que Él estaba intentando corregir algo que había ido mal; por lo tanto, su continuo movimiento con ellos en el desierto era porque quería tiempo para sacar de ellos lo que sus años de ser esclavos habían introducido en ellos. Y la mejor manera de mostrar a cualquiera quién es en realidad es estar constantemente en su presencia. No podemos pasar alegremente por este punto, porque habla directamente a las situaciones y dilemas que encontramos en nuestras vidas.

Puede que recuerde que la nación de Israel llegó a Egipto como una familia de setenta personas. Mientras estuvieron en

Egipto por cuatrocientos años, los hijos de Israel aumentaron en número hasta un grado amenazante para los egipcios que se llamaban a sí mismos los amos sobre Israel. Durante ese periodo, aunque los hijos de Israel continuaron con su tradición de la circuncisión, solo sería cuestión de sentido común entender que muchas de las costumbres y enfoques egipcios de la vida entraron en las mentes y los corazones de Israel.

Cuatro siglos, cuatrocientos años, es un tiempo horriblemente largo. Es tiempo más que suficiente para perder la identidad. Mucho tiempo para enamorarse de distintos tipos de comidas. Mucho tiempo para comenzar a apreciar nuevas variedades de música y otras formas de arte. Mucho tiempo para aprender a hablar otros idiomas y todos sus dialectos. Durante casi medio milenio, los hijos de Israel se empaparon de tradiciones, filosofías y modos de vida egipcios. No podemos ignorar el hecho de que Israel comenzó a identificarse a sí mismo con sus opresores, porque eso es precisamente lo que hacen las personas abusadas y explotadas cuando se les deja el tiempo suficiente en un entorno negativo.

Hay un término que se usa en el campo de la psicología y que dice cómo las personas comienzan a enamorarse y apreciar a sus captores y abusadores. Se denomina síndrome de Estocolmo, y se desarrolla entre el abusado y el abusador tras haber pasado tiempo juntos. Aunque tenemos palabras para identificar el fenómeno, sigue siendo una de las anomalías más confusas que he encontrado jamás.

Recuerdo una de las primeras ocasiones en las que estaba aconsejando a una mujer que sufría abuso conyugal. Ver el daño visceral que su esposo le había hecho fue tan terrible que tuve que controlarme para no implicarme físicamente en hacerle a él lo que él le hizo a ella. Si no lo sabe, estoy totalmente en contra de cualquier tipo de abuso, y me refiero a cualquier tipo. Pero mientras esa mujer estaba sentada en mi oficina y nos hablaba a mi esposa y a mí de todo lo que su esposo le hacía, a mí me agarró totalmente fuera de guardia cuando comenzó a hablar muy bien de su esposo y a defender realmente sus acciones. Oírle describirlo a él le habría hecho creer que estaba hablando de una persona totalmente distinta. Mi esposa vio el asombro que se mostraban en mi cara y, cuando abrí mi boca para hablar, su mano suave se apoyó en mi brazo para silenciarme. Más adelante, Serita me informó de lo que sucede en las mentes de las mujeres abusadas y las víctimas de abuso debido a haber tratado mucho el asunto en sus sesiones ministeriales personales con otras mujeres.

Ahora bien, si pudo suceder tal cosa con una mujer que estaba casada con un hombre durante varios años en comparación con los cuatrocientos años que pasó Israel en Egipto, ¿acaso no tiene sentido que algo parecido y peor pudiera haberles sucedido a los hijos de Israel durante su esclavitud? En ningún modo estoy sugiriendo que a los judíos les gustaran los métodos de opresión y maltrato de los egipcios. Lo que intento destacar para usted es que una persona olvida partes de sí misma en su desgracia porque está profundamente inmersa en intentar sobrevivir a la masacre implacable que está sufriendo. Al haberse distanciado de su identidad correcta, se aferra a lo que está más cerca en su necesidad desesperada de estar anclada a algo incluso ligeramente reconocible. Desgraciadamente, su narrativa quebrantada se ha vuelto sabrosa y, por lo tanto, aceptable.

Estoy bastante seguro de que usted sabe exactamente de lo que estoy hablando. Ha estado desanimado por tanto tiempo que se ha prometido a usted mismo que nunca volverá a tener esperanza. Ha decidido en su mente que no volverá a soñar, y que no volverá a creer a Dios, porque teme que su corazón sea hecho pedazos como sucedió la última vez que se cruzó por su mente anticipar y desear algo mejor. Su adversidad ha estado con usted por tanto tiempo que ha comenzado a identificarse por su dolor y a considerar su disfunción y su angustia como normales.

Pero ¿es esa la vida a la cual Dios nos ha llamado a cualquiera de nosotros? Si cree que lo es, le grito sinceramente con toda la autoridad del Espíritu Santo: *¡El diablo es un mentiroso!* Dios nunca quiso que su situación temporal sea su eternidad.

Dios nunca quiso que su situación temporal sea su eternidad.

Fermentación espiritual

Como Dios hizo con Israel, le está llamando a usted a salir de la tierra de su opresión, su adicción, su dolor, y las circunstancias que le hacen creer que nunca volverá a levantarse. Dios ha abierto la puerta para que usted comience su éxodo, pero debe echar mano de cada gramo de su fe y confiar en que Él hará lo que solamente Él puede hacer, que es cuidar de usted. Dios le llama a salir para que pueda adorarlo a Él y así poder darle la oportunidad de desarrollar una relación con usted fuera del alcance de sus abusadores y sus hábitos mortales. Y aunque le ha llamado a estar con Él en el desierto y ser testigo de lo mucho que le ama, no pasaré por alto la abrumadora sensación que muchos experimentan cuando son liberados de cualquier opresión.

Experimentan la sensación de estar desorientados en medio de su situación.

Vagamos porque deseamos los días de la familiaridad, incluso cuando esos días nos produjeron momentos horribles de dolor, angustia, y una total falta de esperanza. Porque lo primero que hace una persona cuando es llevada a un espacio nuevo es comenzar a buscar una manera de estabilizarse en medio de lo que no le resulta familiar. Viendo que no puede encontrar ningún asidero reconocible al que agarrarse en un periodo nuevo, mira hacia atrás hacia algo común a fin de recibir consuelo. Para muchos, su consuelo es la pornografía, incluso cuando causó el fin de su matrimonio. Para otros es el abuso del alcohol, aunque su hígado está tan rígido y sus riñones tan dañados que se encuentran en una lista de trasplantes.

Para otros, es la calidez de los brazos de un amante anterior, aunque las manos que están unidas a esos brazos han dejado marcas y heridas en sus rostros que han provocado que mientan para intentar débilmente justificar su existencia. La familiaridad que muchos de nosotros buscamos puede llegar en cualquier forma, y no nos sorprendería lo que las personas hacen solo para conseguir estar tranquilas durante sus periodos de deambular, ese periodo en el que buscan algo más que el lugar del Dios que los liberó porque incluso su Libertador les parece tan extraño que optarían por la destrucción. Después de todo, son incapaces de distinguir la diferencia entre el puerto seguro de su presencia y los acantilados rocosos de la destitución.

Los mecanismos de afrontamiento que usted ha empleado durante su camino errante han causado que se vuelva desorientado espacialmente.

Como vemos en las vidas de los hijos de Israel y de quienes han sufrido a manos de abusadores, ¿podría ser que nuestro verdadero problema de incredulidad surja de la realidad de que hemos puesto nuestra fe en quién y qué nos ha traumatizado el lugar de tenerla en el Dios que nos ama? ¿Es posible, entonces, que nuestro caminar errante debido a nuestra incredulidad en la verdad de Dios sea una herramienta que el Maestro utiliza para sacar a "Egipto" de nosotros?

Hago estas preguntas debido a mi experiencia en ayudar a exdrogadictos a vencer su dependencia química. Es mucho más fácil eliminar su apego a la sustancia de lo que es destruir su dependencia sociológica de ella. Cuando un adicto está fuera de la influencia de la droga, su consejero debe proponerse corregir el entorno y cortar el apego que tiene la persona a lo que le rodea y que condujo al adicto a buscar la sustancia en un principio. Por lo tanto, planteo mis preguntas anteriores de otra manera: ¿podría ser la proclamación de Dios del camino errante de Israel el siguiente paso en el proceso del éxodo de Israel de Egipto, pero centrándose en el aspecto más importante de finalmente eliminar la conexión de Israel con su historial de abuso?

Al viajar con Israel durante sus cuarenta años en el desierto, Dios estuvo inculcando en su pueblo su necesidad de formar una conexión con alguien que los amara en lugar de aferrarse a la relación con aquellos que les habían esclavizado. Pero cuando miramos esta situación con los lentes de ser quebrantados, yo comienzo a ver algunas similitudes. En cada etapa (esparcir las semillas, brotar, dar fruto, cosecha, aplastamiento y transformación en vino) se nos indica continuamente que olvidemos lo que éramos anteriormente mediante nuestra muerte a un aspecto y la entrada a otra forma más elevada. Y a lo largo de cada transformación, el Labrador estuvo presente al igual que estuvo con Israel en el desierto. Dondequiera que se movía la nube de Dios, ellos iban con Él. En medio de ellos estaba la tienda de reunión, porque Dios quería tener un tabernáculo con ellos y vivir entre su pueblo.

*Dondequiera que se movía la nube de Dios,
ellos iban con Él.*

¿Y si la última etapa del proceso de quebrantamiento es para asegurar una cohabitación eterna entre Dios y su pueblo, siendo los dos reconectados para siempre? ¿Y si tener a Dios en nuestro interior es el agente de fermentación espiritual necesario para transformarnos en su vino?

El vino en el interior

Hemos sido llamados a salir de la esclavitud para ser llevados a una relación con Dios. Después de todo, la razón principal tras la muerte, sepultura y resurrección de Jesús fue nuestra reconexión otra vez con Dios. Cuando Cristo fue quebrantado por nosotros, tomó en nuestro lugar las implicaciones eternas de nuestra existencia apartados de la presencia y el poder de Dios. Al haber conectado esa brecha que había entre nuestra naturaleza temporal y la naturaleza eterna de Dios, Dios y la humanidad ahora no solo pueden coexistir sino también tener una relación el uno con el otro. No olvidemos la sencilla razón que está detrás de todo el plan de Dios: *¡Él está reuniendo de nuevo a su familia!*

Dios estaba sanando su matrimonio con su pueblo.

¿Qué sentido tiene estar cerca del esposo, sin embargo, y no poder tener intimidad con el esposo? ¿Cómo se puede tener intimidad con lo que no se puede tocar? Aunque Dios se reunía con su pueblo en la tienda de reunión, tiene sentido que Él quisiera tocar a su pueblo, porque es así como la humanidad existía anteriormente con Dios. Él era la fuente de vida y poder de Adán. Fue la transgresión de Adán lo que condujo a la desconexión total de la humanidad y Dios. Por lo tanto, la meta de Dios ha sido reclamar que el corazón de cada ser humano sea el lugar en el que Él resida legítimamente como fuente. En vez de que nuestra voluntad y conocimiento limitado sean la batería fallida que utilizaríamos para dar potencia a nuestras vidas, Dios desea ser la fuente de vida inagotable en lo más profundo de quienes somos.

La meta de Dios ha sido reclamar que el corazón de cada ser humano sea el lugar en el que Él resida legítimamente como fuente.

Por lo tanto, acercarse a nosotros mediante la tienda de reunión no era suficiente para el Labrador. Él desea algo más que proximidad; el Maestro anhela su realidad eterna de intimidad. En lugar de residir cerca, el motivo de Dios es habitar; y Él ha hecho todo lo posible para implementar eso dándonos el don de su Espíritu Santo. Se nos dice: "De repente, vino del cielo un ruido como el de una violenta ráfaga de viento y llenó toda la casa donde estaban reunidos. Se les aparecieron entonces unas lenguas como de fuego que se repartieron y se posaron sobre cada uno de ellos. Todos fueron llenos del Espíritu Santo y comenzaron a hablar en diferentes lenguas, según el Espíritu les concedía expresarse" (Hechos 2:2-4).

Aparte del día del nacimiento de Jesús y sus últimos días de muerte, sepultura y resurrección, no hay ningún otro día más importante para el santo del Nuevo Testamento que el día de Pentecostés. Este día sucedió cincuenta días después de la celebración de la Pascua, y ya hemos hablado del significado que hay tras la celebración. Sin embargo, el día de Pentecostés ocupa un lugar especial en el corazón del cristiano porque es el día en que Dios presentó al mundo al Espíritu Santo. Para algunos, esta ocasión podría no significar nada, pero obtenemos una mejor comprensión del peso de este evento cuando consideramos las relaciones anteriores que tenía el Espíritu Santo con la humanidad.

A lo largo del Antiguo Testamento leemos sobre ocasiones en que el Espíritu Santo "descendió" sobre Moisés y otras personas. Leemos que el Espíritu Santo "descendió" sobre David, que el Espíritu Santo "descendió" sobre Sansón, o que el Espíritu Santo "descendió" sobre Gedeón. Durante esos momentos, los hombres sobre quienes descendió el Espíritu Santo eran capaces de lograr hazañas sobrenaturales, todo para la gloria de Dios. Sin embargo, por maravillosa que era cada una de esas ocasiones, notaremos que la influencia del Espíritu Santo sobre aquellas personas era temporal. Hasta que llegamos al día de Pentecostés como se describe en el segundo capítulo de Hechos, no vemos que se use una palabra diferente para detallar las acciones del Espíritu Santo.

Es entonces cuando vemos que el Espíritu Santo *llena* y *descansa* sobre alguien.

El Espíritu Santo ya no hace visitas breves y momentáneas. No, en cambio establece residencia permanente y habita en su pueblo. Fue tan nueva esta habitación constante del Espíritu Santo, que hizo que los que pasaban cerca de los discípulos que quedaban creyeran la mentira de que Pedro y sus compañeros habían bebido demasiado vino.

El día de Pentecostés, Dios había pasado eficazmente de habitar cerca de su pueblo en el tabernáculo y estar con su pueblo mediante Cristo a vivir en su pueblo por el Espíritu Santo. Pero en el Antiguo Testamento vemos a Dios moverse con los hijos de Israel en el desierto durante su caminar errante mientras comenzaba a purgarlos de la mancha de su opresión. En el Nuevo Testamento vemos a Dios caminando entre su pueblo e informándoles de la realidad de que el reino de los cielos estaba cerca por medio de Cristo. Pero el día de Pentecostés, Dios establece residencia en su pueblo, y vemos que hace perfectamente lo mismo que vimos que hacía cuando lo conocimos en Génesis: ¡moverse!

El Maestro se mueve con nosotros en la actualidad porque está en nosotros, habitando en nuestros corazones y guiándonos. Ya han pasado los tiempos en los que el pueblo de Dios buscaba a los sacerdotes para obtener una palabra de parte de Él. Ya han pasado los tiempos en que había que aventurarse hasta el tabernáculo para estar cerca de Él. Ya han pasado los tiempos en que había que moverse entre la multitud y tocar el borde del manto de Cristo para ser sanado. Ya han pasado los tiempos en que había que sentarse entre una multitud de cinco mil personas para oírlo hablar a Él. Ya han pasado los tiempos en que Jesús tuvo que visitar el sepulcro de un ser querido para que fuera resucitado.

El Maestro se mueve con nosotros en la actualidad porque está en nosotros, habitando en nuestros corazones y guiándonos.

En este momento, usted vive en un tiempo y una época en los que la mera presencia del Espíritu Santo quita el cáncer del cuerpo, sana a personas de VIH/SIDA, reúne a familias mediante el cambio de corazones que no perdonan, resucita a los muertos, y restaura los sueños a los que usted había renunciado hace mucho tiempo. La posibilidad contemporánea de esos milagros que se produjeron debido a que el Espíritu Santo "descendía" sobre alguien o a que Jesús se relacionaba físicamente con alguien o algo ha aumentado de modo exponencial porque el Maestro ya no está limitado a una tienda de reunión en el desierto o a habitar en un cuerpo físico.

Dios habita ahora en los corazones de cientos de millones de personas en todo el planeta que han puesto sus esperanzas y su fe únicamente en Él. En lugar de que haya un solo templo, cada creyente es un templo en el cual Él se reúne con esa persona y el cual cada persona que busca una relación con Dios puede visitar y llegar a ser alguien en quien Él habita.

La movilidad divina de Dios ha estado operando, y ha sido su deseo que podamos ser parte de ella y nos unamos a la acción. La morada del vino de su Espíritu Santo en el interior de nosotros es únicamente la etapa final de su quebrantamiento personal que Él soportó por la humanidad. Cuando permite que el Espíritu de Dios habite en usted, puede saber sin ninguna duda que Él está obrando en su vida: en los lugares oscuros y sucios, en los lugares difíciles y dolorosos, y en el poder y la presencia requeridos para ver un cambio real en su vida. En palabras sencillas, amigo, ¡su fermentación espiritual está a la mano!

CAPÍTULO 12

Un maridaje eterno

Esto es lo que los mortales entienden mal. Dicen de algún sufrimiento temporal: "Ninguna dicha futura puede compensarlo", sin saber que el cielo, una vez obtenido, operará al revés y convertirá incluso esa agonía en una gloria.

—C. S. Lewis

Recuerdo una de las primeras veces en que mi esposa y yo probamos un vino estupendo. Fue hace muchísimos años, y yo había hecho una reserva y llevé a Serita a una cena romántica en un restaurante nuevo que queríamos probar. El camarero se presentó, nos habló sobre las diversas especialidades por las que era conocido el restaurante, nos entregó el menú, y nos dio una lista de vinos. Después de leer detenidamente el menú y escoger los platos, el camarero regresó y elogió nuestras elecciones. Antes incluso de que pudiera decirle el vino que elegimos, nos ofreció educadamente su sugerencia personal: un *Cabernet Sauvignon* que era, en ese momento, más viejo que dos de mis hijos.

Comenzó a describir por qué era la mejor opción y que ese vino sacaría los sabores más sutiles de los alimentos que habíamos escogido esa noche. Este caballero sabía cómo hacer que pareciera el vino perfecto para nuestra cena perfecta. Podría habernos vendido una botella de jugo de uva regular, y lo habríamos aceptado simplemente por el modo en que él describía los sabores. Estuvimos de acuerdo, y yo hice algo que raras veces algo: *no* miré el precio.

Solo con oler una muestra del vino, pudimos ver la inspiración para su entusiasmo. Nos sirvió el vino en un par de copas y dejó la botella. Cuando Serita y yo comenzamos a hablar de lo que habíamos escogido, aparecieron el camarero y otro ayudante con nuestro primer plato. Cuando el ayudante puso los platos de nuestra comida en la mesa, el camarero nos habló más del vino, los viñedos que lo producían, y el vino de esa región de Italia.

Finalmente, cada uno de nosotros probó la comida y la siguió de un sorbo de vino. ¡Asombroso! La consumación de sabores por el maridaje de los alimentos y el vino superó nuestra imaginación. ¿Cómo podía ese *cabernet* complementar perfectamente los sabores en nuestro paladar?

Ninguna buena razón

Sabíamos que había pautas para emparejar el vino con la comida, pero experimentarlo aquella noche nos mostró de qué se trataba todo aquello. Por lo general, uno sabe que los vinos tintos encajan mejor con las carnes rojas de sabor más fuerte y platos salados, mientras que los vinos blancos van bien con los pescados, mariscos y el pollo. Querrá tener un vino que complemente e incluso mejore el alimento a la vez que posee su propia intensidad y sabor.

Estas sugerencias son tradiciones honradas por el tiempo, porque grandes cocineros y enólogos a lo largo de la historia han explorado la relación existente entre el buen vino y la buena comida. Por miles de años, las personas han disfrutado sus comidas con un vino escogido porque, juntamente con la comida, acentúa los sabores sutiles de los alimentos y hace que el comer sea una experiencia más deleitosa. Como resultado, el vino y la comida forman una pareja atemporal.

Nuestra cena aquella noche duró varias horas e incluyó varios platos, pero existe otra pareja atemporal que dura mucho más tiempo. De hecho, es eterna: la relación entre usted y el Maestro. Su relación con Dios agota la longitud de todo el tiempo, porque un Dios eterno no puede producir nada menos que una simiente eterna. Por lo tanto, cada uno de nosotros está destinado a la eternidad. Somos espíritus eternos que temporalmente habitan en cuerpos terrenales.

Su relación con Dios agota la longitud de todo el tiempo, porque un Dios eterno no puede producir nada menos que una simiente eterna.

Dios y usted han estado encerrados en una relación atemporal que solamente pausó cuando usted nació en la tierra. La eternidad pasada y la eternidad futura están separadas solamente por el fino pedazo de tiempo en el cual usted y yo existimos ahora en esta vida en la tierra. Antes de que comenzara el tiempo, usted estaba con Dios; y cuando termine el tiempo, volverá a estar con Él. En palabras sencillas, Dios y usted habían de estar el uno con el otro.

Es la agonía que se encuentra en la brevedad del tiempo lo que nos hace dudar de Él y de su plan. Desgraciadamente, permitimos que nuestra comprensión limitada del dolor nos impulse a los brazos de ídolos temporales que nunca serán capaces de apreciar el vino añejo eterno que nos hace ser tan únicos. Demasiadas veces, en lugar de correr hacia el Maestro Viticultor, escuchamos la llamada del sexo, las drogas, el dinero, o cualquier otra cosa que creamos que podrá ahogar la dulce y suave voz del Amante de nuestras almas cuando nos llama mediante el uso que hace de la incomodidad que tanto aborrecemos.

Lo cierto es que de vez en cuando todos le hemos hecho trampas a Él.

Usted intentó hacer lo que quería; luchó a su propia manera. Aun así, debido a la raíz de fe que estaba en lo profundo de su interior, al final tuvo que darse media vuelta, regresar a sus brazos, postrarse delante de Él, y darse cuenta de que todo lo que ha obtenido en su vida viene de su Padre. Sí, podría tener las inclinaciones a servir al diablo (todos tenemos la naturaleza humana pecadora de nuestros padres originales, Adán y Eva), pero más profundo que eso yace un compromiso con el Señor, porque hay algo acerca de amar a Dios que permanece.

Sin importar cuán duro pudiera intentarlo, no puede escapar al vínculo espiritual existente entre su Creador y usted. No puede eliminarlo bebiendo. No puede eliminarlo fumando. No puede eliminarlo con sexo. Puede intentar alejarse de Dios y vivir su vida como usted considere apropiado, pero el Maestro ha puesto en usted un freno que evita que usted haga algo que pudiera malograr el vino futuro que Él trabaja para producir en usted. En otras palabras, Él permanece fiel incluso cuando nosotros no lo somos.

A pesar de nuestros intentos de escapar a nuestro quebrantamiento, Dios está decidido a convertirnos de un nivel de vida a otro. Lo que Él está haciendo con usted no está edificado sobre su propia obra terminada; su salvación y su nueva identidad están construidas sobre la obra terminada de Cristo, y esa obra terminada fue realizada con un efecto eterno al igual que Él es Dios para siempre. Como hemos visto, podemos mirar a lo largo de todo el Antiguo Testamento hasta ahora y ver el vino de la sangre derramada del Maestro saliendo de la eternidad y entrando en este momento presente.

A pesar de nuestros intentos de escapar a nuestro quebrantamiento, Dios está decidido a convertirnos de un nivel de vida a otro.

¿Qué impulsó a un Dios eterno a intercambiar su esplendor en los cielos por la insipidez de la tierra? ¿Qué lo forzó a vestirse de carne, y lo motivó a hacerse como su creación? ¿Qué causó que el Todopoderoso, el Creador de los cielos y la tierra, dejase a un lado lo eterno y se volviera temporal? ¿Por qué un Dios omnipotente se despojó a sí mismo de su poder, se aventuró a venir a la tierra, y se hizo tan débil como lo somos nosotros?

No hay una buena razón; solamente existe la razón perfecta conocida como el amor de Dios. Impulsado por su amor por nosotros y sabiendo que éramos incapaces de transformarnos y salvarnos a nosotros mismos, el Maestro intervino como nuestro sustituto. En lugar de requerir de nosotros que soportáramos ciegamente el pisoteo de nuestras vidas sin tener una visión de lo que llegaríamos a ser, Jesús estableció el ejemplo supremo yendo primero y permitiendo que su cuerpo quebrantado fuera levantado en la cruz para que todos lo vieran.

Cristo nos mostró su vino para que pudiéramos ser persuadidos por la producción del nuestro.

Si el Maestro es eterno y nos ha redimido para siempre, sin embargo, deberíamos ver algo siendo aplastado por nosotros y levantado incluso en nuestro pasado. Deberíamos ser capaces de ver a Dios obrando para preparar a su pueblo a fin de poder ser maridado con ellos como un ejemplo de lo que puede suceder cuando volvemos a estar juntos otra vez. Si la sangre del Maestro ha sido derramada por nosotros y ha sido rociada a lo largo del tiempo, obviamente Él quiere estar unido otra vez con toda la humanidad. Una breve mirada a la lista del vino divino de Dios confirma esta verdad.

Juego santo de las escondidas

Dios ha prometido que lo encontraremos si lo buscamos (ver Jeremías 29:13). Por todos mis años de búsqueda activa de Dios, sin embargo, he descubierto que a Él le gusta jugar a las escondidas. No siempre se oculta en los lugares más obvios, pero deja un rastro de migas espirituales para que lo sigamos cuando Él ha escogido un lugar fuera de la vista en el cual ocultarse. Podemos divisar a Dios fácilmente durante nuestros periodos de alegría, pero con frecuencia parece como si fuera un experto en ocultarse en las ubicaciones más extrañas durante nuestros momentos difíciles.

¿Podría ser, sin embargo, que Dios no se ha ocultado durante nuestros periodos tumultuosos, sino que simplemente se ha revelado a sí mismo de una forma que aún no hemos reconocido? Después de todo, incluso los discípulos creyeron al principio que Jesús era un fantasma cuando lo vieron caminando sobre el mar golpeado por el viento. No es extraño, entonces, que demandaran verlo a Él por sí mismos cuando resucitó del sepulcro. No podían entender cómo Cristo podía cambiar tan drásticamente el curso de la naturaleza como ellos lo entendían y aun así ser el Maestro al que conocían y amaban.

Antes de criticar su reticencia a reconocerlo a Él, podríamos mirar antes nuestra propia capacidad de divisar a Dios en nuestras vidas. Dígame, ¿puede reconocer a Dios de otra forma, o debe revelarse siempre a usted en la forma que le resulta familiar?

Usted y yo no somos los primeros en lidiar con divisar la presencia de Dios, ni tampoco lo fueron los discípulos. Moisés y los israelitas experimentaron esa prueba mientras estaban en el desierto. En el Antiguo Testamento, en Números 21, vemos a una nación preocupada por su provisión mientras lidiaba con una incredulidad que les condujo a verbalizar su menosprecio por el Señor y su siervo Moisés.

No fueron solo la murmuración y las quejas lo que provocó la ira a Dios; fue la incredulidad en sus corazones lo que produjo la rápida corrección de Dios. Si hay algo que Dios siempre ha requerido que su pueblo haga, es que crea en Él. Porque, ¿cómo podemos buscar o adorar a un Dios en quien no confiamos?

Si hay algo que Dios siempre ha requerido que
su pueblo haga, es que crea en Él.

Israel tenía todas las razones para creer a Dios. El Señor los había sacado de Egipto con brazo poderoso. Primero, Dios golpeó y destruyó a Egipto con diez plagas mortales. Cuando el faraón decidió que no dejaría ir a Israel, el Todopoderoso entonces los atrajo a él y a su ejército al Mar Rojo, donde fueron ahogados. Sin duda, el grado hasta el cual llegó el Maestro para rescatar a Israel fue también una señal de que no los dejaría simplemente en el desierto para que perecieran allí. Si Dios quisiera muertos a los hijos de Israel, podría haber dejado que murieron a manos del faraón.

Lo mismo sucede con nosotros. El Labrador no habría pasado por todas las molestias para desarrollarnos si quisiera destruirnos. Si el Señor nos quisiera muertos, podría habernos matado incluso antes de que produjéramos fruto.

Sin embargo, ante tal evidencia, los hebreos creyeron su temor en lugar de confiar en Dios. ¿No le resulta familiar eso? Yo no puedo ser el único inundado de pánico durante las aflicciones de la vida. Cuando enfrentamos calamidades, creemos nuestros temores de destrucción y olvidamos que Dios está presente, aunque puede que Él se esté ocultando de nuestros sentidos físicos. Pero un Dios oculto no es lo mismo que un Dios ausente. Igual que una uva es transformada en vino, Dios nos está formando para que lo reconozcamos de otra forma.

Dios no permitió que su pueblo muriera después de sacarlos de Egipto. Mientras vagaban por el desierto, de repente la población comenzó a quejarse porque estaban siendo mordidos por serpientes venenosas. Al instante, Dios dio instrucciones a Moisés para que formara una serpiente de bronce y la pusiera sobre un asta. Entonces, debía levantar el asta para que todos los que fueran mordidos pudieran mirarla y ser sanados (ver Números 21:6-9).

Si avanzamos varios siglos, vemos a Dios mostrándose en forma de Cristo levantado en la cruz para que usted y yo pudiéramos ser sanados. Probado en un horno y golpeado hasta adoptar la forma de lo que había mordido a los hijos de Israel, el asta era un precursor de la cruz de nuestra salvación. Lo que hizo

Moisés al bronce fue una señal de lo que tendría que soportar Jesús mediante la crucifixión. Dios podría haber dado instrucciones a Moisés de que formara otra cosa con el bronce; por lo tanto, ¿por qué requirió el Señor que Moisés diera al bronce la forma precisamente de lo mismo que mordía a Israel?

Solamente puede ser redimido lo que es igual a uno.

Anunciando el paso que daría Cristo con nosotros, Dios se mostró de una forma diferente. Él reveló que se haría semejante a quienes tenía intención de salvar y con quienes deseaba estar unido otra vez. Finalmente, en la vida, la muerte y la nueva vida de Cristo, vemos a Dios venir como uno de nosotros para salvarnos y transformarnos. En esencia, el vino eterno del Padre, su Hijo Jesús, se convirtió en una uva como nosotros para mostrar a todas las uvas que podríamos convertirnos en vino eterno como Él.

A veces, sin embargo, nuestra transformación parece demorarse. No podemos dar sentido a los desvíos y descarrilamientos que nos envían por el desierto en lugar de un camino recto hacia nuestro destino. Pero ¿y si algunas de las que llamamos distracciones son realmente formas divinas de dirección? ¿Podría ser posible que Dios también nos esté mostrando su mano en métodos poco familiares? Donde estamos acostumbrados a que Dios nos dirija de maneras con las que nos sentimos cómodos, Él sale del molde y emplea algo totalmente diferente y a la vez eficaz.

Donde estamos acostumbrados a que Dios nos dirija de maneras con las que nos sentimos cómodos, Él sale del molde y emplea algo totalmente diferente y a la vez eficaz.

TDA espiritual

En definitiva, Dios tiene que mantener nuestra atención. Como los hijos de Israel, somos propensos al trastorno de déficit de atención espiritual. Queremos confiar en Él y avanzar por nuestro quebrantamiento y fermentación para llegar a ser su vino santo, pero batallamos para esperar o mantenernos fieles, aunque Él permanece fiel.

¿Ha deseado algo alguna vez por tanto tiempo que usted mismo determinó que nunca iba a suceder? ¿Alguna vez ha tenido que declarar que sus sueños estaban muertos para así poder tener finalmente un momento de paz? Es la demora en el cumplimiento de las promesas de Dios lo que nos causa tanto dolor. Cuando el Maestro nos da la visión de lo que va a hacer en nuestras vidas, nos muestra las cumbres montañosas a la vez que oculta los valles. Si usted viera el ascenso que tendría que soportar para llegar a la cumbre de la montaña, abandonaría por completo el viaje.

Lo que nos impulsa es la pasión que tenemos por el cumplimiento de la promesa de Dios, pero es el intervalo entre el dolor y la pasión lo que Él utiliza para purificarnos. Es con nuestras pasiones con las que tenemos que hacer las paces cuando nos vemos confrontados con el cumplimiento demorado de las promesas de Dios, porque la pasión hace que estemos insatisfechos con lo que tenemos mientras esperamos lo que queremos. Ante la espera para estar marinados otra vez con Dios, batallamos por poner a descansar nuestras esperanzas para así poder manejar la agonía de la demora. Por lo tanto, nos quedamos dormidos entre sollozos porque nos resulta más fácil permitir que nuestras pasiones descansen en lugar de permitir que permanezcan y sigan sin cumplirse.

Pero el Maestro no está en el negocio de torturar a sus hijos mediante las demoras. Más bien, son los lugares ocultos en los valles del "aún no" y la "espera" los que nos hacen saber quiénes somos. Dios capta nuestra atención con las cosas ocultas que permanecen a la espera en los valles, las cosas que suceden y que no vimos venir ni esperamos.

Los problemas que nos agarran fuera de guardia son muy alarmantes y sorprendentes. Durante esos momentos, usted tiene que decidir cómo va a reaccionar a lo que le sucede porque no puede controlar lo que la vida lanza a su camino. Pero sí puede decidir cómo responderá. ¿Le da la espalda a Dios, deja a un lado sus sueños, y decide en su mente que las promesas de Dios nunca se cumplirán?

¿O confía en que Aquel que le sostiene incluso cuando los valles de la vida amenazan con reclamar su fe como su siguiente víctima?

Si Dios usa nuestros valles para prepararnos para las cumbres, debemos entender que aún no estamos preparados para las promesas que residen en una altura tan grande. Después de todo, Dios oculta sus tesoros hasta que podamos manejarlos. Y ya que no podemos ver el valor de lo que va a llegar, no buscamos lo increíble. Mientras no estamos mirando es cuando las cosas se están moviendo; mientras dormimos en los valles es cuando Dios hace su mejor obra porque el Maestro no necesita nuestra ayuda mientras nos transforma. Él requiere solamente nuestra fe y humildad.

Estoy totalmente convencido de que Dios me hizo ser quien soy en los lugares bajos de mi vida. Fueron las noches en que me quedé dormido llorando y mis lágrimas bajaban hasta el puente de mi nariz cuando Dios decidió con mayor frecuencia desarrollarme en la persona que soy en la actualidad. Fueron las cosas ocultas en los valles las que Dios usó para matar mis deseos carnales y arrebatarme todo lo que evitaría que llegara a ser su vino. Tuve que aprender a no temer a mis experiencias en los valles sino a aceptarlas, y este proceso continúa. Y creo que usted debe hacer lo mismo.

---

*Estoy totalmente convencido de que Dios
me hizo ser quien soy en los lugares bajos
de mi vida.*

Piense por un momento en sus defensas naturales. ¿Qué hace cuando se ve confrontado con las cosas que nunca vio llegar? ¿Cómo maneja el entrar en experiencias de valle? ¿Qué sucede cuando todas las serpientes parecen morder a la vez? Todo iba bien, pero entonces su pie resbaló y la casa ya no está. O en un momento iban caminando juntos, y entonces apareció una serpiente y su matrimonio ha terminado.

Sufrió una caída, y ahora los niños no le hablan. Le muerde una serpiente y usted ha sido despedido. De repente hay otra persona, y ahora ha perdido a un ser querido. Mediante el poder quebrantador de los valles es como somos transformados. Muchas veces no necesitamos que el Maestro nos enseñe a manejar las cumbres de la bendición tanto como necesitamos que nos muestre cómo manejar los valles de la preparación. Actualmente no necesitamos la lección para saber manejar el vino; necesitamos que el Maestro nos enseñe a manejar el quebrantamiento.

Sabemos que Dios va a hacer algo, pero no sabemos cuándo. Sabemos que Dios va a bendecirnos, pero no sabemos cómo. Sabemos que Dios va a conectarnos, pero no sabemos mediante quién. Dios le dijo que iba a liberarlo, pero no le dijo de qué iba a liberarlo. Dios dijo que volvería a estar junto a Él, pero no le dijo todo lo que soportaría a lo largo del camino.

Todo esto es preparación para su maridaje final con el Maestro. Usted está haciendo todo lo posible para evitar los quebrantamientos ocultos en los valles, pero son precisamente lo que se necesita para llevarle hasta el punto de ser reunido y maridado con Dios. No se pierda por las distracciones.

Preparado para la resurrección

El trauma y el dolor que Dios ha ordenado en su vida han dejado al descubierto los sueños que usted puso a un lado y permitió que murieran. El quebrantamiento que experimenta en las partes bajas de su vida, sin embargo, es lo que Dios utilizará como sus herramientas de resurrección para devolverle la vida. Lo que está sucediendo con usted es tarea de Dios. Hay algo muerto en su casa, y Él busca revivirlo. ¿Está usted cansado del aroma mortal de sus sueños muertos? ¿Está cansado de verse bien pero no sentirse bien? ¿Está cansado de sonreír, pero no tener gozo?

El producto terminado que ve usted en la cumbre es el resultado de la resurrección en el valle.

El producto terminado que ve usted en la cumbre es el resultado de la resurrección en el valle.

Igual que Jesús experimentó la angustia, el dolor y la depresión en las partes bajas de su vida antes de su transformación, nosotros experimentaremos lo mismo. Si hemos de reunirnos con Él en la eternidad, debemos hacer el mismo viaje que Él hizo por los valles de preparación. Simplemente no nos tropezamos con el trauma; fuimos guiado hasta él, acompañados por el Maestro Viticultor que desea tanto estar con nosotros que dijo: "Miren. Yo iré primero. Soportaré el aplastamiento para convertirme en vino".

La bendición y transformación por la que hemos luchado por tanto tiempo nos han sido prometidas por un Dios que no nos liberó de la atadura solo para ser destruidos en los desiertos y los valles de la incredulidad y los deseos no cumplidos. No regresemos a las cavernas familiares de las esperanzas abandonadas y los sueños muertos. El maridaje eterno que una vez disfrutamos con el Padre llegará en breve. Y aunque podemos clamar: "No me hagas esperar otra vez", el Maestro se está mostrando a nosotros de una forma diferente y más nueva que es prueba de que nada de lo que hemos experimentado ha sido en vano. Incluso sus demoras encajan dentro de su plan para prepararnos.

La forma nueva que Dios ha adoptado es la que usted asumirá un día para su maridaje cuando Él y usted estén finalmente juntos por toda la eternidad. Su vino perdurará para siempre. No sacrifique la calidad porque no puede ver más allá de su dolor. Confíe en Dios. Él sabe exactamente, *exactamente*, lo que es soportar el quebrantamiento por el que usted ha pasado. Dios está comprometido con usted en todo el proceso y más allá. Su maridaje con Él no conoce fin.

CAPÍTULO 13

Una cata con el Rey

El corazón, como la uva, es propenso a dar su cosecha en el mismo momento en que parece estar aplastado.

—Roger Housden

Las catas de vino se han convertido en un evento social popular. La mayoría de las catas limitan el número de invitados para encajar en la atmósfera íntima y casual del anfitrión y su entorno. Algunos lugareños presumen de un entorno rústico con la cata realizándose al aire libre en una terraza o patio. Otros alardean de un ambiente de elegancia en restaurantes elegantes y minimalistas o en bodegas de vanguardia.

La atmósfera y el estilo podrían variar, pero la mayoría de las catas de vinos siguen un patrón parecido. Después de la llegada de cierto número de invitados, el anfitrión da la bienvenida a todos y comienza la cata. El sumiller, o servidor de vino, dirige la experiencia llena de sabor, por lo general explicando la cosecha y la composición de los vinos a ser catados.

Muchos de estos expertos recurren a los procesos empleados por los labradores para producir sus cosechas particulares y tipos de vino. Las catas de vino facilitan la conversación entre los invitados, una verdadera experiencia de grupo, a la vez que les permite disfrutar de sus sorbos individuales de las ofertas de la festividad.

Mientras que las catas de vino parecen agradables, no puedo evitar observar cuán diferentes parecen comparadas con las revoltosas fiestas, elaboradas festividades, y dramáticos festivales que se realizaban en el antiguo Israel durante las temporadas de cosecha. Estos eventos eran de naturaleza celebratoria, representando cada uno de ellos un momento de la historia judía en el que Dios había hecho algo milagroso por sus hijos.

Por invitación del Rey

Debido a que Israel, durante su antigüedad, era una sociedad agraria, las cosechas indicaban de modo tangible cómo Dios había cumplido sus promesas de proveer para su pueblo. Los hijos de Israel celebraban anualmente siete fiestas diferentes: la fiesta de la Pascua, la fiesta de los Panes sin levadura, la fiesta de las Primicias, la fiesta de las Semanas (Pentecostés), la fiesta de las Trompetas (Rosh Hashana), el Día de Expiación o del Perdón (Yom Kippur), y la fiesta de los Tabernáculos o de las Enramadas. Incluso cuando estas siete fiestas conmemoraban algo que Dios había hecho por Israel, me resulta muy difícil creer que no incluyeran la producción de vino nuevo como parte de su celebración.

Las cosechas indicaban de modo tangible cómo Dios había cumplido sus promesas de proveer para su pueblo.

Sospecho que Israel celebraba el cumplimiento de Dios de sus promesas para ellos al menos siete veces durante el año porque no es necesario mucho para estallar en alabanza espontánea del Maestro. Por mi propia experiencia, lo único que tengo que hacer es recordar las veces en las que no tenía electricidad o agua corriente en la casa; esas veces en las que sencillamente *sabía* que era el final para mi familia y yo. Era entonces cuando me encontraba de pie con las manos levantadas, cantando un canto de alabanza espontánea o clamando con lágrimas corriendo por mi rostro. Si me hubiera agarrado en el momento correcto, ¡probablemente habría visto esas tres cosas!

Sin embargo, me pregunto si Israel celebraba la obra de Dios por ellos, ¿podría ser posible que Dios los estuviera celebrando *a ellos* al mismo tiempo? Tiene todo el sentido cuando situamos todo esto en el contexto de un padre o una madre que celebra los logros de su hijo, cuando le hacen un regalo a un hijo y ven la sonrisa en su cara. La entrega al azar de cualquier regalo a alguien a quien amamos "solo porque sí" hace que el receptor estalle en risas, llantos, y mucho agradecimiento. El dador recibe gozo a su vez porque no estaba haciendo otra cosa sino expresando su amor.

Las parábolas de Jesús sobre los talentos o las bolsas de oro que el maestro confía a sus sirvientes mientras él está lejos (ver Mateo 25:14-30) nos enseñan que Él dará más a quienes tengan mucho, y ahora entiendo por qué. La recepción, apreciación y uso adecuado de su inversión en nosotros edifica confianza en que Él puede otorgarnos más. ¿No ha sido eso cierto de su propia experiencia? Cuando le entrega algo a un niño y él lo maneja bien, ¿acaso no es usted inspirado a dar en mayor medida?

Si el Maestro Viticultor estaba celebrando a Israel mientras Israel lo celebraba a Él, entonces creo que Él hace la fiesta más extravagante como respuesta a que usted llegue a ser aquello por lo cual Él ha trabajado tanto. Parece haber un cambio de papeles en este proceso. En lugar de que usted trabaje para producir una cosecha, el Labrador hizo todo el trabajo al cultivarlo a usted. Al cosecharlo a usted, comenzó a aplastarlo y fermentarlo para que llegara a ser más.

A medida que avanza y deja atrás su quebrantamiento y fermentación, entonces Dios comienza a poner la mesa, y ésta no será una cata de vino normal que se hace un sábado en la tarde con un grupo de amigos. El Maestro le está celebrando a usted, la finalización del trabajo que ha realizado en usted, y la inversión que ha puesto en su interior. La fiesta que Él hace como respuesta a que nos convirtamos en vino será bulliciosa y ruidosa, animada y vivaz. Será una celebración llena de gozo inmenso, porque la presencia de Dios no puede ser llena con nada menos que total asombro, paz, seguridad, propósito, rectitud y adoración.

El Maestro no nos ha invitado a una cata de vino promedio de la que podríamos disfrutar en casa de un amigo. En cambio, nos invita a una fiesta que hace avergonzar a todos los demás.

De ninguna manera ni forma tendrá lugar esta fiesta en un entorno de tendencia que haya recibido algunos comentarios de cinco estrellas en reseñas en el Internet. El Maestro Viticultor no ha reparado en gastos para su fiesta en un aposento alto que nadie ha visto nunca como para darle un "me gusta". El Señor nos ha invitado a su propiciatorio en un lugar santísimo totalmente nuevo que vemos en el tabernáculo de Salomón.

SRC honesta

Solamente quienes están en pacto con el Señor, quienes son justos mediante la sangre de Jesucristo, pueden confirmar su asistencia a la invitación para reunirse con Él detrás del velo. Avanzando más allá del atrio interior y llegando al Lugar Santísimo, tiene usted acceso directo al Rey de toda la creación. Su presencia sin límite reside aquí, y Él requiere que vaya solamente usted: el vino por el cual Él trabajó tan duro para producir. Antes de que Él muestre un vino añejo tan precioso al resto del mundo, tendría sentido que el Maestro pudiera disfrutar de un barril para sí mismo.

Este es el llamado de un Dios eterno que anticipa la llegada de alguien a quien Él ama profundamente. Usted, su fruto, habiendo descendido a las profundidades como Cristo después de ser quebrantado, experimentó la fermentación en el atrio interior. Ahora, sin embargo, esa uva ya no existe; hay otra cosa que ha ocupado su lugar. La uva es ahora vino, habiendo resucitado con vida nueva en una forma nueva como Cristo. Como resultado, el velo que siempre se había interpuesto entre el Labrador y las uvas ya no existe entre el Rey y su vino.

El velo que siempre se había interpuesto entre
el Labrador y las uvas ya no existe entre
el Rey y su vino.

La gloria del Señor le estaba esperando *a usted*. El patrón de espera en el que estaba encerrado el arca del pacto no era solo debido a las acciones de hombres pecadores, sino también porque el Señor había encontrado a alguien mediante el cual más adelante establecería un hogar donde recibiría a sus invitados. El tabernáculo de David, igual que el tiempo que Cristo pasó en el sepulcro y nuestro tiempo en fermentación, era temporal. Algo permanente y eterno nos llama a un nivel de vida más elevado. Un nuevo ámbito se ha abierto para nosotros que hace que nuestra realidad, con su experiencia de atrio exterior y atrio interior, parezca la sombra que es en realidad.

Si nuestra analogía de la muerte, sepultura y resurrección de Cristo está en consonancia con el tabernáculo y sus partes, entonces debe haber un tercer templo que represente la naturaleza eterna de nuestro Cristo resucitado y ascendido, el vino que Él nos ha hecho ser, y la comunión interminable que tendremos con el Maestro Viticultor en su presencia. Y lo hay.

Solamente existe un compartimento en las tres reiteraciones en el Antiguo Testamento del tabernáculo que encaja en nuestros requisitos: ¡el Lugar Santísimo! En ningún otro lugar en las tres zonas del templo podemos encontrar la presencia de Dios sin límite tal como se encuentra entronada entre los querubines en el propiciatorio encima del arca del pacto.

Sobre todo, lo demás, solamente la presencia de Dios es lo que buscamos.

En la presencia de Dios hay vida eterna en la cual existimos como su vino. En su presencia experimentamos la intimidad y la comunión que Él quiso disfrutar con nosotros desde la caída del hombre. En la presencia de Dios entendemos plenamente quién y qué somos verdaderamente mediante la resurrección de Cristo. En efecto, el Maestro Viticultor nos ha llevado por un quebrantamiento en el atrio exterior, un refinamiento en el atrio interior, y hasta un lugar santísimo por la eternidad.

Fiesta santa

La belleza de cada gramo de vino que llevamos está contenida por lo que nuestro Señor Jesús hizo por nosotros en el Lugar Santísimo. De hecho, Él fue el primero en confirmar asistencia a la invitación eterna de Dios:

> Cristo, por el contrario, al presentarse como sumo sacerdote de los bienes definitivos en el tabernáculo más excelente y perfecto, no hecho por manos humanas (es decir, que no es de esta creación), entró una sola vez y para siempre en el Lugar Santísimo. No lo hizo con sangre de machos cabríos y becerros, sino con su propia sangre, logrando así un rescate eterno. La sangre de machos cabríos y de toros, y las cenizas de una novilla rociadas sobre personas impuras, las santifican de modo que quedan limpias por fuera. Si esto es así, ¡cuánto más la sangre de

Cristo, quien por medio del Espíritu eterno se ofreció
sin mancha a Dios, purificará nuestra conciencia
de las obras que conducen a la muerte, a fin de que
sirvamos al Dios viviente! (Hebreos 9:11-14).

Jesús no llegó al propiciatorio mediante la sangre temporal de animales. A la misma vez, Jesús fue el sacrificio que fue partido y nuestro Sumo Sacerdote. Por lo tanto, la sangre que Él roció sobre el propiciatorio en el tabernáculo eterno fue la suya propia y un anuncio de lo que llegaríamos a ser después de que Él nos transformara. En esencia, Jesús llevó su propio vino a la cata íntima en la mesa de Dios.

Y viendo que lo que el Labrador hace en nuestras vidas sigue el patrón directamente como lo que sucedió en la resurrección de Cristo, el Labrador nos llama también a las cámaras secretas de su presencia. Es con el Maestro cuando finalmente vemos algo que no hemos visto en los compartimentos anteriores del tabernáculo. Vemos que ya no hay más quebrantamiento, no hay más refinamiento o proceso, no hay más luchas y esfuerzos. En cambio, el proceso ha sido sustituido por algo totalmente diferente. En vez de trabajo, solamente hay relación y ser quienes somos verdaderamente: el vino de nuestro Rey.

Cuando se trata de lo que Dios ha hecho en nuestras vidas, la transformación por la que Él nos ha llevado y a la que somos llamados, es importante que quitemos de nuestras mentes las etapas de lo viejo. No hay nada de malo en recordar por dónde nos ha llevado el Padre; sin embargo, con frecuencia tenemos tendencia a aferrarnos al pasado a expensas de nuestro futuro. Ahora que somos vino, no podemos permitirnos seguir pensando como uvas, quedándonos en el atrio exterior y no prosiguiendo hacia cosas mayores.

Ahora que somos vino, no podemos permitirnos seguir pensando como uvas.

Como resultado, el vino es llevado al último compartimento del tabernáculo: el Lugar Santísimo. Aquí entramos en el templo conforme al gozo de la fiesta de la cosecha final de Dios. Aquí en este Lugar Santísimo, el Viticultor nos invita a una comunión privada con Él para que podamos probar juntos lo que Él ha creado en nosotros juntamente con sus planes para compartirnos con el mundo.

En esta fiesta, no es solo una reunión de nuestro Padre con sus hijos, sino también una unión moderna del vino y el pan en una experiencia en el aposento alto celestial que refleja lo que hizo Jesús en la última cena con sus discípulos. Esta es una fiesta santa como ninguna otra. Ahora se cierra el círculo por completo: las partes simbólicas y los muebles sagrados del tabernáculo en el Antiguo Testamento; la realidad de la encarnación cuando Jesús se hizo humano para sufrir por nuestros pecados, murió en la cruz y resucitó; y el quebrantamiento que usted ha experimentado en su propia vida para llegar a ser el vino precioso y santo adecuado para un Rey.

Esta naturaleza eterna que llevamos en nuestro interior nos dirige al día en que ya no necesitaremos sostén físico, sino que subsistiremos solamente con el pan espiritual que Cristo dio a sus discípulos en el aposento alto en forma de pan físico. Si lo recuerda, sin embargo, pan no fue lo único que Jesús les ofreció. Con ese pan Él les dio vino, un símbolo de la sangre que iba a ser derramada por nosotros y a situarse sobre el propiciatorio.

Mediante el quebrantamiento aplastante que Cristo soportó, su sangre se convirtió en el vino nuevo según el cual se estableció el patrón de nuestra transformación. Fuimos destinados a llegar a ser ese mismo tipo de vino por el mismo Labrador y su proceso de aplastarnos. En esencia, entonces, el pan de vida y el vino del Espíritu nos han atraído con corazones alegres a la presencia de Dios para que podamos disfrutar de una comunión con Él más elevada, mejor y eterna.

Solamente en esta nueva comunión encontramos una diferencia especial. Ahora hay intimidad, un dar y tomar entre uno y otro. Donde el Maestro daba, nosotros recibíamos; ahora que somos semejantes a Él como su vino, nos ofrecemos a nosotros mismos a Él para que se deleite en lo que hemos llegado a ser. No hay necesidad de que seamos pan, porque su cuerpo sirve como eso para nosotros.

Como el anfitrión más excelente, Dios suplió para nosotros lo que no podíamos suplir por nosotros mismos. Y debido a que su provisión nunca se agota, no necesitamos preocuparnos porque esta fiesta termine pronto. Al ver que el vino que representamos es eterno y está conectado directamente a Él, tampoco nosotros nos quedaremos secos jamás. Por lo tanto, esta fiesta nunca terminará, sino que continuará sin obstáculos entre el Maestro Viticultor y su nuevo barril de vino: su nueva creación.

---

*Como el anfitrión más excelente, Dios suplió
para nosotros lo que no podíamos suplir por
nosotros mismos.*

Más allá de la bendición

Al aceptar ser la nueva creación de Dios en Cristo, a medida que nos acostumbramos a vivir como su vino santo, entonces comenzamos a experimentar nuevos niveles de gozo, paz, contentamiento, propósito y satisfacción. Ya no nos preguntamos por qué estamos aquí en esta tierra. Sabemos que todo lo que hemos experimentado ha valido la pena porque Dios lo ha utilizado todo, no ha desperdiciado nada, para llevarnos al punto en nuestras vidas donde estamos ahora.

Nuestro quebrantamiento no es el final; es solamente el principio.

Yo estoy lejos de ser perfecto, pero he experimentado la bendición de ser vino santo para quienes me rodean. Y para que no piense que presume de ello, por favor comprenda que lo que soy llamado a hacer me humilla diariamente. No hay modo alguno de que pueda hacer nada por mí mismo; pero todo lo puedo en Cristo.

Ahí, soy más que bendecido por hacer lo que hago. No hay nada que se compare a ver cambiar la vida de alguien por la gracia de Dios, y estoy abrumado de que el Maestro me escogiera a fin para ser incluso una pequeña parte de lo que Él está haciendo aquí en la tierra. Se han acercado a mí personas con lágrimas en sus ojos, han descargado la historia de toda su vida en cuestión de minutos, y me han dicho que un mensaje que oyeron cambió el modo en que se veía a sí mismas y cómo se relacionaban con Dios.

He visto a asesinos arrepentirse a los pies de la cruz, dirigirse a otros y comenzar a orar con ellos. He sido testigo de matrimonios rotos que han sido enderezados porque el amor de Dios quedó impreso en los corazones de dos individuos que habían jurado que morirían odiándose el uno al otro. He visto cómo el Espíritu Santo ha convertido a strippers en maestros, a traficantes de drogas en vendedores sobresalientes, y a las personas más corruptas que pueda imaginar en diáconos en la iglesia y faros de honestidad. Con Dios, nada es imposible.

Todas esas personas que he visto provenían de diferentes trasfondos, pero el factor común entre cada uno de ellos es la sangre-vino santificadora que fue derramada aquel terrible día en el Gólgota. Donde antes no había ninguna esperanza de poder tener jamás una audiencia con el Dios santo, todo eso cambió cuando aceptaron a Cristo como su Señor y Salvador. Pasaron de ser ilegítimos a ser herederos, de ser pródigos a ser apasionados, y de la desesperanza a la felicidad. Han sido santificados mediante las acciones de otra persona, Jesucristo, quien hizo la obra por ellos. Después de todo, el quebrantamiento de alguien siempre da entrada a algo maravilloso en la vida de otra persona. Jesús fue el primero y ahora nosotros seguimos su ejemplo.

El quebrantamiento de alguien siempre da entrada a algo maravilloso en la vida de otra persona. Jesús fue el primero y ahora nosotros seguimos su ejemplo.

De una vez, cada uno de esos creyentes fue transformado ante los ojos del Señor. Individuos que enfrentaban situaciones desesperadas pasaron de tener "acceso denegado" a "acceso concedido" en su relación con Dios. De eso se trata todo esto.

Jesús soportó por nosotros lo que nunca podríamos haber sido capaces de manejar por nosotros mismos, pero el Maestro no se contentó solo con salvarnos. ¡No! Él desea que seamos semejantes a Él para que podamos tener intimidad y comunión con Él. Y aunque soportó el castigo de todas nuestras transgresiones y pecado, se esforzó por llevarnos por el proceso de prepararnos para el encuentro cara a cara que tendríamos con el Padre.

De ahí nuestro quebrantamiento.

Al haber sobrevivido y prosperado en el quebrantamiento y la fermentación, sin embargo, ahora podemos escuchar que se abren las puertas eternas hacia su presencia, porque al otro lado del tupido velo está el Dios todopoderoso que desea una audiencia con nosotros incluso más de lo que nosotros la deseamos con Él. Porque durante las conversaciones que tendremos con Él, nuestro Padre desea participar de una vendimia que tiene, y basándose en la autoridad de su Hijo, ¡es de "un año muy bueno"!

Vino para el mundo

Ya no hay más proceso. No hay más demora. Tiene usted acceso directo.

Ahora que tiene un camino sin obstáculos hasta la presencia *Shekinah* de Dios mismo, Él le ruega que se siente a su lado y le sirva un cáliz del vino que usted ha llevado consigo.

Puede que batalle por verse a usted mismo ahora como el vino santo de Dios, y eso es comprensible. Pero lo cierto del asunto es que usted ya no es quien solía ser; no es lo que hizo; no es lo que le falta. No es lo que otras personas han etiquetado que usted es, y Dios seguirá confrontándole para hacerle entender quién es usted.

Usted no es una uva. Ni siquiera es la cáscara aplastada y la pulpa que permanecen después de ser pisoteadas. Usted es algo mucho mejor; es vino. Cuando Dios le mira, le ve como perfecto. Cuando los ojos de Dios reposan sobre usted, Él no ve quien usted solía ser, sino que en cambio ve el yo totalmente desarrollado en Cristo. Él ve el yo justo. En la Biblia se nos dice que somos la justicia de Dios en Cristo (ver 2 Corintios 5:21) y que en este mundo somos como Él es (ver 1 Juan 4:17). La Palabra de Dios dice la verdad acerca de quién es usted, ¡así que créalo!

La Palabra de Dios dice la verdad acerca de quién es usted, ¡así que créalo!

Entiendo que puede ser desafiante aceptar la verdad sobre quién es usted. Si la Biblia ha estado diciendo la verdad a la gente sobre sí mismos por miles de años, uno pensaría que las personas a estas alturas ya habrían captado el mensaje. Esa sería la conclusión lógica, pero quedaría totalmente sorprendido ante cuán difícil es conseguir que las personas simplemente caminen en lo que creen. Solamente piénselo. Las implicaciones de caminar en la fe que profesamos son inmensas.

Adicciones y perversiones desaparecerían rápidamente. Algunas personas perderían más de veinte kilos y todo tipo de enfermedades serían expulsadas completamente de sus cuerpos. No puede permitirse pasar por alto este punto. Caminar en la plena medida de fe no significa que no encontrará problemas y reveses, pero sí significa que al final se elevará por encima de ellos. Vivir su vida en lo que Cristo ha hecho en usted y por usted cambia toda su existencia, ¡porque Jesús ya ha cambiado toda su existencia!

¿Entiende que Jesús ya lo ha hecho todo por usted?

Debe aceptar esta verdad porque Dios está más que satisfecho con el vino que ha producido en usted. Se alegra por cómo ha resultado usted, guardando un barril para sí mismo como un trofeo mostrado orgullosamente en su bodega personal. Pero Él tiene un plan para el resto de su vino embotellado que conlleva que usted sea ofrecido al mundo como una señal para lo que Él quiere hacer con otras uvas.

El Labrador quiere que otros prueben la obra maestra que Él ha producido en su nueva creación. Usted tiene el poder de Él en su interior; tiene pleno acceso a todas las riquezas en Cristo. Él quiere que usted ofrezca esperanza a quienes están siendo quebrantados y batallan para entender. Quiere trabajar por medio de usted para consolar a los desolados, sanar a los enfermos, debilitar a los débiles, y revelar la luz de su amor en un mundo oscuro.

Usted es el trofeo de Dios, y Él quiere mostrarlo.

CAPÍTULO 14

El organizador de bodas

Esta vida no es piedad, sino crecimiento en piedad; no es salud, sino sanidad; no es ser, sino llegar a ser; no es descanso sino ejercicio. Ahora no somos lo que seremos, pero estamos de camino.

—*Martín Lutero*

No creería lo que hay en mi buzón de correo en los meses anteriores a junio cada año. ¡Me inundan de invitaciones a bodas! Me siento honrado de que tantas personas me inviten a la celebración de su unión matrimonial, pero soy un solo hombre. Y con aproximadamente 2,5 millones de bodas que se producen como promedio cada año en nuestro país, sencillamente no puedo asistir a todas ellas.

Recientemente, sin embargo, mientras regresaba de buscar mi correspondencia y miraba las numerosas invitaciones muy adornadas que llenaban mi buzón, me detuve de repente. ¿Por qué alguien querría enviarme una invitación a su boda?

Pensé en razones obvias. Entiendo que alguien quiere que yo sea testigo del momento en que hace sus votos matrimoniales. En otros casos me piden que oficie la ceremonia de boda. Entiendo eso. Pero mi pregunta aquel día se centró en las razones que hay detrás de una invitación, las razones que raras veces consideramos porque parecen tan inherentemente obvias.

Sobre todo, el propósito de cualquier invitación es decir a alguien que asista a un evento que usted está planeando. El hecho de que alguien esté planeado un evento implica naturalmente preparación. Cuando alguien se prepara para tal celebración, escoge cómo lo celebrará, desde la comida hasta las flores, desde la música hasta el plato principal. Para las bodas, todos sabemos cuánta planificación, y dinero, puede emplearse en los detalles incluso más pequeños.

Hay que decidir si se quiere que sea sencilla, quizá solamente con pastel y ponche; o que sea más elaborada, posiblemente con una recepción y un buffet casual, o si se quiere que sea una cena formal en la mesa y con varios platos. No solo hay que decidir lo que se servirá para comer sino también qué bebidas acompañarán a la comida. Muchas parejas deciden incluir alcohol como parte de su celebración, lo cual no solo aumenta el gasto, sino que también requiere más camareros, barras de bar, cristalería y las bebidas alcohólicas en sí.

Aquel día cuando me senté en mi estudio y comencé a leer las varias invitaciones nupciales que llegaron ese día, mi mente comenzó a dar vueltas pensando en las implicaciones de cómo se aplicaba todo aquello a la boda en Caná: la ocasión del primer milagro público de Jesús.

Invitación a una boda

Debo confesar que siempre me he sentido intrigado, incluso inquieto a veces, acerca de por qué la primera muestra de nuestro Señor de su poder grandioso e instantáneo se produjo en un evento social en el cual muy pocas personas supieron lo que Él hizo. Y el hecho de que lo que hizo fue convertir litros de agua en el vino más delicioso y sabroso; asombroso, sí, pero ¿digno de su atención, y mucho menos de su poder?

Simplemente no tiene sentido. Perdóneme, pero a veces sigo pensando que Él podía haber escogido un lugar mejor y haber hecho algo mucho más espectacular que simplemente convertir agua en vino. Hubo muchos otros milagros que Él hizo y que, en mi humanidad, yo habría escogido hacer antes de lo que podría parecer ser meramente un truco en una fiesta.

Piense en ello. Estamos hablando del Dios todopoderoso en carne. Es el mismo Dios que creó la materia con sus palabras. Él puso las estrellas en los cielos; creó el planeta con todas sus diversas formas de vida. Él dividió el Mar Rojo y envió una plaga tras otra sobre Egipto para liberar a sus hijos. Más adelante, cuando anduvo por la tierra, alimentó a más de cinco mil personas, resucitó a Lázaro de la muerte, tocó el ataúd de un niño muerto para convertir un funeral en una fiesta, sanó a una mujer que había tenido hemorragias durante años, y Él mismo resucitó de la muerte.

Era el mismo Jesús que caminó sobre el agua y calmó una tormenta solamente con sus palabras. El mismo Jesús que conquistó el pecado, el infierno y la muerte. El mismo Jesús que fue transfigurado delante de Pedro, Jacobo y Juan, y que tuvo a Moisés y Elías a su lado y conversó mientras Dios lo confirmaba. Era el mismo Jesús que sanó al hombre que tenía una mano seca. El mismo Jesús que sanó al paralítico en el estanque de Betesda. Era el mismo Jesús que escupió sobre el suelo y utilizó el barro para sanar a un hombre ciego.

Si hay algo que yo habría hecho como mi primer milagro público, habría sido algo irrevocablemente sobrenatural en naturaleza, algo que habría *hecho* que la gente creyera que yo era el Mesías. Jesús podría haber hecho cualquier cosa que quisiera, pero, como vemos en este pasaje, decidió convertir el agua en vino.

Jesús podría haber hecho cualquier cosa que quisiera, pero, como vemos en este pasaje, decidió convertir el agua en vino.

Al tercer día se celebró una boda en Caná de Galilea, y la madre de Jesús se encontraba allí. También habían sido invitados a la boda Jesús y sus discípulos. Cuando el vino se acabó, la madre de Jesús le dijo:

—Ya no tienen vino.

—Mujer, ¿eso qué tiene que ver conmigo?— respondió Jesús—. Todavía no ha llegado mi hora.

Su madre dijo a los sirvientes:

—Hagan lo que él les ordene.

Había allí seis tinajas de piedra, de las que usan los judíos en sus ceremonias de purificación. En cada una cabían unos cien litros.

Jesús dijo a los sirvientes:

—Llenen de agua las tinajas.

Y los sirvientes las llenaron hasta el borde.

—Ahora saquen un poco y llévenlo al encargado del banquete—les dijo Jesús.

Así lo hicieron. El encargado del banquete probó el agua convertida en vino sin saber de dónde había salido, aunque sí lo sabían los sirvientes que habían sacado el agua. Entonces llamó aparte al novio y le dijo:

—Todos sirven primero el mejor vino y, cuando los invitados ya han bebido mucho, entonces sirven el más barato; pero tú has guardado el mejor vino hasta ahora (Juan 2:1-10).

Problemas invisibles

Cuando se trata de que entendamos lo que estaba sucediendo en la boda en Caná, y quizá la razón por la cual Jesús decidió hacer el milagro que tenemos registrado como el primero que hizo, entonces tenemos que conocer la importancia de una boda durante este periodo. En Occidente, las bodas actualmente están basadas casi por completo en los sentimientos que tienen las personas el uno por el otro. Una pareja tiene citas durante un tiempo, se enamoran y deciden pasar juntos el resto de sus vidas. Entonces pasan a planear su boda.

En las antiguas culturas orientales, sin embargo, los matrimonios a menudo se arreglaban y se basaban en algo más que solamente el amor entre dos personas. Las bodas unían casas y familias, y en el caso de la realeza o las personas acomodadas, se trataba de más poder y aliados. Por lo tanto, una boda en la antigüedad judía conllevaba implicaciones de largo alcance.

Un gran banquete de boda, entonces y ahora, era directamente proporcional al nivel de planificación y recursos que se empleaban en su organización. Por lo tanto, el hecho de que Jesús, su madre María y sus discípulos asistieran implica que aquella no era solamente una pequeña ceremonia con pocos amigos y familiares. De hecho, aparentemente había tantos invitados y tantos detalles involucrados que las familias contrataron a alguien para que se ocupara de la fiesta. La Biblia no nos habla del novio y la novia, pero podemos deducir que sus familias tenían dinero, cierto nivel de poder, suficiente notoriedad que hicieron que Jesús quisiera asistir a la fiesta.

El novio y la novia declararon sus votos y dieron el "sí quiero". Entonces todos se dirigieron al banquete de boda. La comida era deliciosa, y la gente seguía comiendo. Las risas eran ruidosas, y todos estaban animados. Pero lo que *puede* salir mal, a menudo *sale* mal. Mientras todo el mundo estaba disfrutando de la fiesta, María y sus ojos perceptivos detectaron un problema que muchos otros no vieron. Los anfitriones se estaban quedando sin vino.

Para una fiesta tan estupenda y una familia tan acomodada, habría sido una vergüenza social con la que no podrían vivir si se hubiera sabido el secreto de que tenían poca provisión de algo. Entonces María capta la atención de Jesús hacia el hecho de que la familia, horror de horrores, se había quedado sin vino. La fiesta de boda estaba en peligro, y el novio y la familia estaban solamente a minutos de distancia de ser humillados. Esta familia tenía una necesidad desesperada de ayuda.

Aunque puede que para nosotros en la actualidad eso no

parezca una cuestión de vida o muerte, el nombre y el honor de esta familia estaban en peligro. Su identidad estaba en juego. Imagino que los patriarcas de cada familia habían trabajado durante décadas para tener el honor que estaba relacionado con sus nombres. Que todo eso se desmoronara por una pequeña falta de previsión habría sido una vergüenza inimaginable. Peor aún, según la Escritura, las únicas personas conscientes del problema eran María, Jesús, y los sirvientes en el banquete de boda.

Al ver que nadie en la familia de la boda era consciente del problema, tampoco eran conscientes de la solución que estaba en su presencia. No puedo pasar por alto la oportunidad de dirigir su atención a los problemas que usted siquiera sabía que tenía, y las muchas maneras en que Dios le ha bendecido cuando usted ni siquiera lo sabía. Si Dios le dijera todo lo que hizo por usted, de todo lo que le guardó, y todo lo que Él hizo en su vida, saldría corriendo hacia el altar de la iglesia más cercana y comenzaría a arrepentirse de toda su duda, temor, incredulidad, desconfianza y ansiedad. Cuando miro atrás a mi propia vida y pienso en lo que podría haber sucedido, cómo podría haber resultado herido, que podría haber perdido mi vida, y dónde podría estar ahora, llego al borde de las lágrimas.

Hay veces en que tiene que dar un paso atrás y alabar al Maestro por haberle salvado de lo que podría haber sucedido y de quién y qué podría haber sido usted. No puede permitirse pasar por alto este punto. Muy pocos individuos en una fiesta que podría haber sido de cientos de personas sabían sobre la falta de vino. Por lo tanto, pocos sabían que incluso el supervisor de la fiesta y la familia lo ignoraban por completo. Eso sucedió incluso después de que Jesús hiciera el milagro.

La obra del Labrador en nuestras vidas aborda problemas que ni siquiera sabíamos que teníamos, y por fortuna, Él aborda algunos de nuestros problemas en secreto. Quizá usted solía ser la persona más gruñona del planeta, pero ha observado que Él ha suavizado su corazón. O tal vez antes era gobernado por el temor, pero ahora ni siquiera puede rastrear cómo y cuándo el Señor lo eliminó de su corazón. Un día estaba presente, y al día siguiente ya no estaba. Podría haberse estado flagelando durante años con autocondenación, pero el Maestro intervino y le imputó una justicia que usted sabe que no provenía de usted mismo, y ha sido la persona más libre que ha podido ser en su vida.

La obra del Labrador en nuestras vidas aborda problemas que ni siquiera sabíamos que teníamos, y por fortuna, Él aborda algunos de nuestros problemas en secreto.

Gracias a Dios por ocuparse de nuestros problemas invisibles. Este milagro en la boda tenía que hacerse en secreto para evitar que la deshonra golpeara al novio y a su familia; por lo tanto, lo que Jesús hizo fue cambiar la deshonra de alguien en alabanza y honra. Muchas veces, nuestro quebrantamiento y fermentación parecen muy dolorosos para nosotros, pero no entendemos que la agonía de la que más huimos es el instrumento que el Labrador utiliza para presionarnos y sacar de nosotros lo que no necesitamos para que así permanezca solamente lo que necesitamos.

En esencia, huimos de algo temporal a expensas de lo eterno

porque nos centramos en la fealdad del presente en vez de la belleza de lo que Dios nos ha prometido mañana. "Pues los sufrimientos ligeros y efímeros que ahora padecemos producen una gloria eterna que vale muchísimo más que todo sufrimiento. Así que no nos fijamos en lo visible, sino en lo invisible, ya que lo que se ve es pasajero, mientras que lo que no se ve es eterno" (2 Corintios 4:17-18).

Sin queja

Me encanta el modo en que María pasó a la acción cuando descubrió el hecho de que la familia se había quedado sin vino. Como cualquier buena madre y cualquier invitada amable, de inmediato dirige su atención a la manera más rápida de resolver el problema y evitar el desastre. Acude a su Hijo y le entrega la situación como si Él, el Dios todopoderoso encarnado, no fuera ya consciente de ello.

Y en un principio, podríamos pensar que la respuesta de Jesús, "Aún no ha llegado mi hora", fue irrespetuosa. En cierto modo tiene esa sensación de "¡Ahora no, mamá!" que todos hemos oído a los niños, sin importar su edad, utilizar como respuesta a la petición urgente de una madre. Considerando el hecho de que María era plenamente consciente de quién era Jesús y poseía al menos cierta comprensión de sus capacidades, podemos apreciar que el Maestro es consciente íntimamente de cada problema que enfrentaremos jamás.

Por lo tanto, ¿por qué pensaría María que su intervención era necesaria cuando tendría que haber sabido que Jesús ya estaba al tanto de las cosas? Consideremos el hecho de que María se levantó de su asiento, se aventuró a acudir a los sirvientes en la boda, y les dio instrucciones vehementemente con las palabras: "Hagan todo lo que Él les diga". Esto nos alerta hacia el hecho de que Jesús tenía que haber realizado otras hazañas sobrenaturales con María como testigo, situándola por lo tanto en la posición de tener confianza plena en la identidad y el poder de Jesús como Dios. Pero llega algo bastante humano tras la estela de esa observación. María se siente obligada a hacer algo: acudir a Jesús y *hacer* que Él resuelva el problema. Si no había vino, entonces alguien tenía que quejarse.

¿Ha observado que tenemos tendencia a apresurar al Señor cuando descubrimos un problema en nuestras vidas? Pensamos, por nuestra comprensión limitada de la situación, que debemos decirle a Dios lo que está sucediendo. Suponemos arrogantemente que Él no está involucrado en la situación y no ha proporcionado ya una respuesta, o que no permitió que el problema se manifestara y que la vida en cierto modo se las arregló para ocultar algo de Él. Pero si realmente creemos que Dios es Dios, entonces ¿por qué pensaríamos que nosotros podíamos informarle a Él de algo?

Cuando situamos las acciones de María bajo la luz y la perspectiva del Labrador y las uvas que Él cultiva, obtenemos una comprensión mucho mejor de su suposición. No es que María creyera que Jesús no podía proporcionar el vino. El problema estaba en que ella suponía tener una mejor comprensión de lo que estaba sucediendo de la que tenía Jesús. Es el equivalente de que una uva le dijera al Labrador: "Perdone, pero ahora es el momento adecuado para que usted actúe. ¡Ahora es el momento de que me transforme!". ¿Cómo sería posible que la uva lo supiera? ¿Quién es Aquel que ha estado cultivando viñas y cuidando uvas durante eones de tiempo antes de que esta baya en particular comenzara a colgar de la rama?

Aquí yace nuestro problema.

Dios nos ha diseñado, equipado y llamado a cada uno de nosotros para lograr muchas cosas grandes. Él nos ha dado una visión, prometiendo que Él la cumpliría. ¿Por qué entonces somos tan dados a perder de vista el hecho de que el Maestro es quien nos dio la idea, y no fue al contrario? Probablemente más que ninguna otra cosa, el mensaje que tengo que decir a las personas de las que soy mentor y a las que aconsejo una y otra vez es que el tiempo de Dios es preciso. Su reloj es perfecto.

Dios nos ha diseñado, equipado y llamado a cada uno de nosotros para lograr muchas cosas grandes. Él nos ha dado una visión, prometiendo que Él la cumpliría.

Una y otra vez tengo que dar gracias a Dios por ceñirse a su calendario para mi vida y no inclinarse a mi voluntad. Puedo mirar atrás a mi vida y ver dónde Dios podría haberme respondido en ese momento con lo que yo pensaba que quería y haber permitido que me destruyera. Con la gratitud más profunda, lo saludo a Él por guardarme de lo que yo consideraba lo mejor para mí en aquel momento.

Si se parece usted algo a mí, entenderá la necedad de rogar algo a Dios y cuando Él se lo da, murmurar y quejarse por lo que obtuvo. Tenemos ese hábito tan loco de querer lo que queremos hasta que lo conseguimos. Mientras que si esperáramos la plenitud del tiempo de Dios para que llegara, veríamos que su periodo ordenado conlleva una cantidad de gracia y protección que no habíamos previsto.

Cuando Jesús respondió a María sobre por qué estaba tan preocupada, nuestra Vid verdadera dejó claro que Él ya tenía la situación cubierta y bajo control. Aunque María insistió en el asunto con los sirvientes, Jesús fue lo bastante sabio como para convertir sus acciones prematuras en algo que Él usó para su ventaja, lo cual plantea otras preguntas: *Si Jesús es Dios, tendría que haberlo visto venir. Y si lo vio venir, ¿no significa eso que Él planeó estar allí y hacer un milagro?*

Debemos recordar que nuestro Dios ve el fin desde el principio. No hay ningún problema para el cual Él ya no tenga una solución. Por lo tanto, yo creo sinceramente que Jesús *sabía* lo que iba a suceder en la boda en Caná, y por eso precisamente María no debería haberse indignado en un principio.

Debemos recordar que nuestro Dios ve el fin desde el principio.

Todo lo que Dios hace es estratégico. Nunca seremos testigos de que Dios comete un error o llegue tarde a sus citas divinas con nosotros. Aunque a mí podrían agarrarme por sorpresa las situaciones que me llegan en la vida, nunca ha habido ni un solo momento en el que acudí a Dios con las palabras: "Señor, ni siquiera vi venir esto", y que Él me respondiera: "¡Yo tampoco!".

Por consiguiente, consideremos esta conclusión: Jesús, nuestro Dios en forma física, hizo planes para la boda. Recordemos que nuestro Maestro utilizará *cualquier cosa* para señalarnos hacia nuestra necesidad de Él, incluso nuestros errores y cosas que nosotros no vimos llegar. Si Jesús puede planear y usar la falta de vino en un banquete de boda para su gloria a la vez que ahorra a la familia una vergüenza pública, entonces no puedo evitar creer que Él usará los detalles más pequeños para impulsar hacia delante el plan de su reino, ¡y a mí también!

Instantáneamente extraordinario

A lo largo de todo este libro hemos hablado sobre cómo el Señor nos desarrolla y nos transforma. En estas páginas ha leído repetidamente la palabra *proceso*. Esta palabra, por sí misma, denota el paso del tiempo. En su mayor parte, la transformación no es un evento, y definitivamente no es algo que sucede una sola vez. A medida que sigo creciendo en mi relación con el Señor, aprecié el hecho de que Él se tome su tiempo conmigo. Él no se apresura con ninguno de nosotros porque cualquier cosa valiosa es también algo por lo que vale la pena esperar. Después de todo, la excelencia no se produce con prisas.

Pero hay ocasiones cuando parece que no hay tiempo alguno para el proceso; esos momentos en que hay que hacer algo *ahora*. No hay espera alguna. No hay periodos. Llega un momento en la vida en que usted necesita una palabra, una solución o un milagro ahora. Cuando está muriendo sobre una mesa de operaciones, no necesita que alguien le lleve por todo el proceso de la cirugía completa. ¡El cirujano debería haber comenzado a trabajar el día antes!

Vemos lo mismo con la mujer que tenía hemorragias. La mujer ya se estaba muriendo, y deducimos que su desesperación por recibir sanidad fue lo que le impulsó a abrirse paso entre la multitud y tocar el borde del manto de Jesús. ¿O qué de la mujer que caminó encorvada durante más de dieciocho años (ver Lucas 13:12)? ¿Era mejor que el Señor le hablara sobre lo que Él haría para sanarla, o que le dijera: "Mujer, eres libre"?

Lo que intento que usted vea es que, aunque el Señor nos desarrolla mediante un proceso que nos transforma, Él es plenamente consciente de esos momentos en los que un periodo de cambio tomará demasiado tiempo en nuestras vidas. Hay veces en nuestra vida en las que Él saca al instante de nosotros lo que es necesario en ese momento. Esas son las ocasiones en las que Él pasa de obrar en nosotros mediante el proceso para hacernos increíbles inmediatamente.

Impulsado por la preocupación de María, Jesús se aprovecha de lo que estaba a punto de ser algo que arruinara la fiesta. En lugar de la vergüenza de tener que decirles a los invitados que ya no había más vino, la crisis no solo fue evitada sino también transformada en una oportunidad para el vino divino. Porque en cuestión de momentos, el agua que era ordinaria fue transformada en algo extraordinario, y de eso se trata precisamente todo el proceso.

Lo mejor que podemos llevar ante el Maestro es nuestro propio yo ordinario, habitual y de poco valor. Si la intervención del Labrador, seguimos siendo agua que es común en todo el mundo. Por lo tanto, nuestro valor no se encuentra en lo que somos por nosotros mismos, sino en lo que el Labrador hace con nosotros. Por eso debemos aprender a divorciar nuestro valor de lo que producimos y unirlo a la obra terminada de

Cristo al ser quebrantado en la cruz y cualquier otra cosa que Él decida hacer en nuestras vidas.

Lo mejor que podemos llevar ante el Maestro
es nuestro propio yo ordinario, habitual
y de poco valor.

En el momento en que decidimos otra cosa, nuestro quebrantamiento es ciertamente el final. Como resultado, el dolor que sentimos cuando perdemos la cosecha original que producimos es que lo que sigue de modo natural a nuestra mala comprensión de que nuestro vino no es obra nuestra, sino de Dios. Por lo tanto, ¿cómo podría el quebrantamiento que Él comienza en nuestras vidas ser el factor esencial de quien somos y lo que somos? ¡No! Sin duda, hay más.

Después de que los sirvientes llenaron las tinajas, *sin el conocimiento de nadie más en la fiesta*, Jesús les dice que saquen una muestra del agua y la lleven ante el gerente de la fiesta. Extrañamente, cuando el supervisor prueba lo que antes era agua, se da cuenta de que ha servido el mejor vino que ha probado jamás.

Observemos también que nadie, ni siquiera los sirvientes, supieron *cuándo* fue transformada el agua en vino. Lo único que sabían era que, justo delante de sus propios ojos y sin su conocimiento, se había presentado un producto final. Igual que sucede con el Señor cuando soluciona nuestros problemas en secreto, el Señor transformó el agua en vino en secreto apresurando el proceso para que pudiera salvarse el honor de la familia.

De modo similar, algunos de nosotros podemos señalar momentos en nuestras vidas en los que el Maestro dejó a un lado el proceso por completo, o lo aceleró para guardarnos de lo que sin ninguna duda estaba a punto de sucedernos. No sé de usted, pero es aquí donde voy a tomar un momento y ofrecer alabanza a Aquel que es sensible con respecto a los momentos y periodos en mi vida a la vez que era completamente consciente de cuándo es necesario hacerme extraordinario al instante.

Lo mejor para el final

Durante el proceso de aplastamiento, fermentación y transformación en el vino de Dios, con frecuencia perdemos de vista lo que nuestro Maestro está haciendo, y nos consumimos por la impaciencia. Preguntamos: "¿Cuándo, Señor? ¿Cuándo veré lo que tú vas a hacer? ¿Cuándo cesará mi dolor? ¿Cuándo dará un giro mi vida? ¿Cuándo remitirá mi pérdida? ¿Cuándo experimentaré tu gozo y paz? *¿Cuándo, Señor, cuándo?*".

Quizá se planteando esas preguntas en este momento. Ha sentido que el Labrador ha estado haciendo una obra poderosa en su vida y que le ha embotellado para la distribución, o está preparado para ofrecerle a usted para que todo el mundo lo pruebe. Sin embargo, parece haber una demora, y usted lo cuestiona a Él con respecto a lo cuándo hará lo que dijo que iba a hacer. Ve que otras personas están experimentando y caminando en su promesa mientras se pregunta cuándo llegará su día.

El supervisor de la fiesta mencionó la tradición de cómo se servía el vino (ver Juan 2:10). Normalmente, el mejor se servía primero, y cuando los invitados ya habían bebido bastante y estaban animados, se servía en último lugar el vino más barato. Este es el orden *del hombre*, que siempre quiere poner su mejor comida al principio, y sí que veo el valor en hacer eso. Después de todo, tenemos solo una oportunidad para causar una primera impresión estupenda. Sin embargo, cuando se trata de la transformación que Él hace en nosotros de agua a vino y cómo el Maestro hace las cosas en el reino, vemos que Él adopta un enfoque distinto. De nuevo, Él permite que el hombre llegue al final de sus recursos para que Él pueda obrar a su manera.

¡Dios siempre reserva lo mejor para el final!

¡Dios siempre reserva lo mejor para el final!

¿Entiende que lo que a algunas personas les tomó quince o incluso veinte años lograr, Dios puede producirlo para usted en menos de un día? Por lo tanto, cuando se trata de la cuestión del "cuándo" que arde en su corazón, recuerde que el mismo Labrador que lo maduró y cultivó a usted en sus etapas de vid y uvas es el mismo Labrador que le quebrantó, fermentó y embotelló en sus etapas de vino.

Dios es plenamente consciente de sus tiempos y estaciones. No necesita usted preocuparse por nada, salvo mantener sus ojos en el Maestro que ya ha llamado a los sirvientes que presentarán lo que usted tiene al supervisor de la celebración. La fiesta está a pleno gas. Los invitados están presentes. El vino del hombre, temporal y menos deseable, se está acabando. Ya casi ha llegado su momento. Siga siendo paciente. Su agua está a punto de ser sacada para ser probada y servida.

El quebrantamiento nunca es el final.

¡Lo mejor está aún por llegar!

CAPÍTULO 15

Vino nuevo

Queridos hermanos, ahora somos hijos de Dios, pero todavía no se ha manifestado lo que habremos de ser. Sabemos, sin embargo, que cuando Cristo venga seremos semejantes a él, porque lo veremos tal como él es.

—1 Juan 3:2

Al concluir nuestro tiempo juntos, es mi oración que haya llegado a creer, al igual que yo, que nuestro quebrantamiento no es el final. Nuestras pérdidas solo conducen a la iluminación. La muerte no es el final. Como una semilla que muere en la tierra, nuestro quebrantamiento brota convirtiéndose en algo más hermoso y productivo. Uniendo ese concepto con el hecho de que nuestro Dios obra en ciclos estacionales, nos quedamos con el resultado de que nunca habíamos de existir solamente en una forma.

Llegaría tan lejos como para decir que nunca habíamos de morir sino crecer continuamente y ser incluso mejores con cada etapa. Incluso las células de nuestro cuerpo testifican de la verdad de este punto, pues nuestro cuerpo está programado para repararse por sí solo. Si nos hacemos un corte, los glóbulos rojos trabajan al instante para taponar la herida y comienzan a pegar la piel y luchar contra la infección.

Somos creados para vivir.

Esta viña en la cual nos ha plantado el Labrador no es algo que Él haya creado para dedicarse a un hobby y llenar su tiempo. Todo lo que hace el Maestro es con un propósito distintivo. *Nosotros* somos los que no reconocemos eso. Y si es usted como yo, habrá observado el hecho de que Dios es singularmente persistente en su deseo de completar su proceso en nosotros. Su amor lo impulsa a perseguirnos con la esperanza de que nos abriremos a su plan, su camino y su proceso de transformación en nuestra vida. Él nunca renuncia a nosotros, y nunca nos abandona cuando hemos decidido apartarnos y manejar las cosas a nuestra manera. Él simplemente nos permite que lleguemos al límite de nosotros mismos.

---

*Todo lo que hace el Maestro es con un
propósito distintivo.*

Vemos esto cuando Jeremías es enviado a la casa del alfarero para verlo trabajar con la arcilla en la rueda. El alfarero moldea la arcilla como considera adecuado, dándole forma para el propósito que él desea. Sin embargo, algo sale mal. Por alguna razón, la arcilla se deforma. El problema no estaba en el alfarero, sino en la arcilla, porque los métodos de nuestro alfarero son perfectos. Observemos lo que hace el alfarero. No desecha la arcilla; no, el alfarero sencillamente comienza de nuevo, volviendo a trabajar y moldear la arcilla dándole la forma que desea.

De modo similar, el Maestro desea hacer lo mismo con nosotros, y lo vemos hacer esta afirmación incluso con el vino. Lo único que necesitamos como prueba es su Palabra, y llega mediante una verdad innegable.

> Cantaré en nombre de mi amigo querido una
> canción dedicada a su viña.
> Mi amigo querido tenía una viña en una ladera
> fértil.
> La cavó, la limpió de piedras y la plantó con las
> mejores cepas.
> Edificó una torre en medio de ella, y además
> preparó un lagar.
> Él esperaba que diera buenas uvas, pero acabó
> dando uvas agrias (Isaías 5:1-2).

Isaías dibuja un excelente cuadro de lo que el Maestro pretendía hacer con la humanidad, incluso desde el principio en el Huerto de Edén. Sin embargo, igual que la arcilla, algo salió mal. Dios no creó una raza de robots, sino una de individuos que podían pensar por sí mismos. Él decidió crearnos de este modo con la esperanza de que escogeríamos amarlo a Él como Él decidió amarnos a nosotros; porque una relación fructífera es una en la cual sus partes han decidido participar. Si uno impusiera su voluntad sobre el otro, ya no es una relación sino una violación.

Al leer el resto de la analogía del labrador y su viña en el quinto capítulo de Isaías, vemos que se pronuncia juicio sobre aquellos que Él plantó en el más escogido de los lugares. Pero no debemos detenernos aquí. Si consideramos el resto de Isaías, vemos a Dios revelando el plan que Él tiene no solo de redimir a Israel sino también a toda la humanidad.

Este plan no era solo que fuéramos salvos del castigo por nuestros pecados; no podría haber sido. Para que el Señor abordara las acciones y no abordara el corazón sería prepararse para obtener otro viñedo y cosecha malogrados que no le habrían producido otra cosa sino más tristeza y sufrimiento.

En cambio, el Maestro Viticultor se convierte en una parte del viñedo. Se planta a sí mismo como la Vid verdadera desde la cual creceríamos nosotros. Así, Dios cambió nuestra naturaleza para poder no solo derrotar al pecado, sino también llevarnos más lejos y tratar nuestros corazones en nuestro quebrantamiento y fermentación.

El Maestro Viticultor se convierte en una parte del viñedo.

Poniendo esto en perspectiva con las acciones de Cristo, ¿habría tenido sentido que Jesús muriera en la cruz, pero no resucitara? De modo similar, ¿cómo podríamos pensar jamás que el Señor nos plantara solo para matarnos y dejarnos morir? ¡No! Debe haber más.

La boda en Caná no fue una ocasión única en la que el Señor mostró su poder. Él podría haber escogido algo mucho más fantástico para captar la atención de todos allí. Después de todo, al mirar atrás a toda la situación, solo unos pocos individuos supieron lo que Él hizo. La boda en Caná era un símbolo del proceso de hacer vino por el cual el Señor nos llevaría porque Él no estaba satisfecho meramente con salvarnos.

Dios nos ama, y el amor necesita el deseo de estar cera del enfoque de ese amor. Por lo tanto, ¿cómo podría nuestro quebrantamiento ser el final de nuestra vida cuando nuestro Señor eterno ha telegrafiado su esperanza de estar con nosotros eternamente? El Señor no ha buscado destruirnos; busca rehacernos, remodelarnos, y convertirnos en algo que sea semejante a Él.

Quizá usted acaba de salir de la experiencia más desgarradora de su vida. Ha soportado un quebrantamiento sin igual, y está comenzando a ver que el Maestro no ha terminado con usted. Su dolor fue solo el principio, y está comenzando a comprender que quizá, solamente quizá, el Labrador y Salvador de almas tiene algo excelente preparado para usted.

O quizá está leyendo las últimas páginas de este libro mientras aún sigue sufriendo bajo el pie quebrantador del Maestro. Lo ha perdido todo, y el resplandor de luz que adornaba sus ojos está muriendo. Está desorientado y no puede encontrar su camino para levantarse de la cama en la mañana, y menos aún convertirse en vino santo en las manos del Señor.

Pero sin importar dónde esté, amigo, ¡no se dé por vencido! Debe aguantar. Donde está ahora no es el destino de su vida. Dios no habría comenzado tanto trabajo en usted para abandonarlo; por el contrario, Él ha invertido mucho en usted debido a su valor y lo que Él ve en usted. Sus ojos descansan en algo en su futuro a lo que su dolor presente le está cegando.

Y *cuando*, no *si*, haya atravesado este quebrantamiento y fermentación, habiendo sido renovado y transformado, su vida será el nuevo vino añejo peculiar que sale solamente de los barriles celestiales del Maestro. Usted será un vino que el mundo entero no solo espera probar, sino también emular.

¿Puede verlo ahora? Usted es una señal que indica a otros hacia el Dios que le transformó. Su dolor, sufrimiento, metamorfosis y transformación son un momento temporal que producirá la reserva privada por la cual todos clamarán. Y en el instante en que otros beban del cacillo que usted ha ofrecido, su buqué señalará directamente al Labrador con quien usted comparte una conexión sobrenaturalmente matrimonial, causando que le pregunten no solo qué deben hacer para ser salvos sino también sobre el proceso que usted soportó para convertirse en el mejor de los vinos de los cuales el mundo ha participado jamás.

Usted es una señal que indica a otros hacia el Dios que le transformó.

Nunca permita que las palabras mentirosas del enemigo echen raíces y envenenen el vino que Dios quiere producir en su vida. En esos momentos, cuando todo se desmorona, cuando no sabe cómo puede continuar o incluso si continuará, por favor recuerde este mensaje desde mi corazón.

¡Su quebrantamiento no es el final!
Es solamente el principio.

Acerca del autor

T. D. JAKES es autor número uno de éxitos de ventas del *New York Times* con más de cuarenta libros, y el director general de TDJ Enterprises, LLP. Es el fundador de la iglesia The Potter's House, de más de treinta mil miembros, y su programa ministerial de televisión, *The Potter's Touch*, lo ven 3,3 millones de telespectadores cada semana. Ha producido música ganadora de un premio Grammy, y películas como *El cielo es real, Sparkle* y *Jumping the Broom*. Un maestro comunicador, organiza MegaFest, "Mujer, eres libre", y otras conferencias a las que asisten decenas de miles de personas. T. D. Jakes vive en Dallas con su esposa y sus cinco hijos. Visite www.tdjakes.com.